Conocimiento Prohibido

Descubriendo los Secretos de las Civilizaciones Antiguas y la Intervención Extraterrestre

Dan Desmarques

22 Lions

Conocimiento Prohibido: Descubriendo los Secretos de las Civilizaciones Antiguas y la Intervención Extraterrestre

Escrito por Dan Desmarques

Copyright © 2024 por Dan Desmarques. Todos los derechos reservados.

Ninguna parte de esta publicación puede ser reproducida o transmitida de ninguna forma o por ningún medio, electrónico o mecánico, incluyendo fotocopia, grabación o cualquier sistema de almacenamiento y recuperación de información conocido o inventado en el futuro, sin el permiso escrito del editor, excepto por un crítico que desee citar breves pasajes en relación con una reseña escrita para su inclusión en una revista, periódico o emisión.

Índice

Introducción

¿Alguna vez ha tenido la sensación de que nuestra historia es mucho más rica y compleja de lo que se enseña en las aulas y en los libros de texto? ¿Se ha preguntado alguna vez por qué ciertas verdades parecen ocultarse deliberadamente, haciendo que la narración oficial parezca incompleta o incluso inventada? Si es así, no está solo. Las verdades ocultas de nuestro pasado están esperando a ser desveladas, y ha llegado el momento de revelar los secretos que han permanecido ocultos a la humanidad durante milenios.

En Conocimiento Prohibido, nos embarcamos en un revelador viaje a través de la misteriosa historia de la humanidad. En este libro, investigamos los secretos de antiguas civilizaciones, el intrigante papel de los extraterrestres en nuestra evolución y la supresión sistemática del conocimiento por parte de los poderosos. No se trata de una mera recopilación de teorías, sino de una llamada de atención para quienes anhelan comprender la verdadera naturaleza de nuestra existencia y reclamar nuestra soberanía espiritual.

Mediante una investigación rigurosa y pruebas convincentes, exploramos los legados de antiguas civilizaciones avanzadas como la Atlántida y Lemuria, y revelamos su profunda influencia en el mundo moderno. Analizamos la implicación de seres extraterrestres, desde la ingeniería genética de los Anunnaki hasta la sabiduría divina atribuida a los dioses egipcios. También exponemos las tácticas utilizadas por los poderes fácticos para suprimir este conocimiento, como la manipulación de la educación y los medios de comunicación y la difusión generalizada de desinformación.

Sin embargo, Conocimiento Prohibido no solo desenmascara las mentiras del pasado, sino que también pretende abrazar las verdades del presente y vislumbrar un futuro que honre nuestro potencial divino. Al redescubrir los verdaderos mensajes de los seres iluminados, podemos liberarnos de las restricciones del dogma religioso y elevar nuestra conciencia. Este viaje nos invita a reconocer la interconexión de todos los seres y la importancia vital de la compasión, la empatía y la unidad.

Si está dispuesto a cuestionar las narrativas que nos han impuesto y a buscar verdades profundas que se encuentran más allá del velo del engaño, este libro es para usted. El camino hacia la liberación espiritual está empedrado de conocimiento, comprensión y valor para desafiar el statu quo. Es un viaje que nos invita a enfrentarnos a las sombras de nuestro pasado y a buscar la luz de nuestro verdadero potencial. Si está preparado para descubrir la verdad, empiece hoy mismo este extraordinario viaje.

Prólogo

En un mundo en el que los relatos oficiales de la historia a menudo parecen incompletos o inventados, muchos sentimos una curiosidad persistente y el deseo de descubrir verdades que han permanecido ocultas durante milenios. Conocimiento Prohibido le invita a un revelador viaje a través de la misteriosa historia de nuestro mundo, en el que se explorarán los secretos de antiguas civilizaciones y el intrigante papel de los extraterrestres en nuestra evolución. Más que una mera recopilación de teorías, este libro es una invitación a quienes anhelan comprender la verdadera naturaleza de nuestra existencia y reclamar nuestra soberanía espiritual. A través de una investigación rigurosa y pruebas convincentes, nos adentramos en el legado de antiguas civilizaciones avanzadas y descubrimos su profunda influencia en el mundo moderno. Al embarcarnos en este viaje, se nos invita a cuestionar las narrativas impuestas y a descubrir las verdades ocultas tras el velo del engaño.

Capítulo 1: Desvelar los secretos de las antiguas civilizaciones.

Hasta que la humanidad trascienda las divisiones imaginarias de cultura, nacionalidad y religión y comience a cultivar la compasión, la comprensión y la empatía, el mundo seguirá su destructivo camino. La competitividad y el orgullo tribal no pueden llevarnos a un futuro en el que civilizaciones alienígenas puedan ayudarnos a evolucionar. Este tipo de pensamiento socava nuestra capacidad de cooperar y apoyarnos mutuamente. Es necesario acabar con la visión jerárquica y dualista de la realidad. Si la gente no cambia sus rígidas y anticuadas creencias sobre Dios y la religión, especialmente las de las religiones abrahámicas, no habrá esperanza de evolución en este planeta. Prevalecerá la superstición y los que adoran a seres con la intención de mantener esclavizada a la humanidad devolverán el planeta a un estado primitivo, confundiendo el cielo con la tierra.

La historia nos muestra que las personas no son intrínsecamente buenas o malas por sus afiliaciones, sino por sus creencias y acciones. El mal está presente en todas las culturas y religiones.

Los egipcios no fueron los únicos en esclavizar a la gente; los imperios portugués y español, bajo la influencia del Vaticano, también crearon un régimen mundial basado en la esclavitud. El Imperio romano esclavizó al 40 % de su población, incluso después de convertirse en el Sacro Imperio Católico, y en un momento de la historia, Grecia tuvo más esclavos que ciudadanos. Los cristianos europeos también persiguieron y mataron a muchos judíos. Hoy en día, en Israel, se acusa a los judíos de oprimir al pueblo palestino, que tiene una relación histórica y genética más estrecha con los judíos bíblicos que con los que ocupan Israel, muchos de los cuales proceden de otras partes del mundo, especialmente de Europa del Este.

La figura de Moisés puede ser retratada como la de un dios de los oprimidos, pero los relatos religiosos presentan una historia diferente. Cuando los judíos salieron de Egipto con Moisés, se arrepintieron de su marcha, pidieron volver a su antigua tierra y empezaron a adorar a los dioses egipcios. Según estos relatos, casi todos fueron asesinados por el Dios de Moisés y no llegaron a la tierra prometida. Los que llegaron a su destino se convirtieron en opresores y, en nombre de su Dios, hicieron la guerra contra todas las tribus, asesinando a todos los que se les oponían, incluidos mujeres y niños.

Además, la idea de que el Dios de Moisés y los dioses egipcios eran opuestos es errónea. Los egipcios tenían dos religiones: una para el pueblo llano y otra para la nobleza. Nunca dejaron de creer en el Dios de la Creación. Al igual que los dioses griegos, los dioses egipcios son interpretaciones populares de historias sumerias. Los Diez Mandamientos también revelan la crueldad y la maldad que reinaban entre los primeros judíos. ¿Por qué se mencionan «No matarás», «No cometerás adulterio» y «No robarás» si no eran prácticas comunes entre ellos?

La crueldad ha prevalecido entre las diferentes culturas y religiones, pero, dependiendo de quién la cuente y dónde, solo se muestra una parte. Se ha sugerido que muchas razas alienígenas han interferido supuestamente en nuestra evolución social, cultural y religiosa, y precisamente nuestras diferencias nos enriquecen. No podemos etiquetar a alguien como bueno o malo basándonos en la nacionalidad, la etnia, la religión o incluso el planeta de origen; de lo contrario, habría que clasificar a la mayoría de la raza humana como muy peligrosa e indigna de confianza. El bien y el mal provienen de nuestras motivaciones internas y estamos influidos por lo que nos rodea y lo que consumimos, no solo alimentos, sino también vibraciones, energía, información e ideologías.

Creamos nuestros propios dioses cuando elegimos la ideología con la que nos identificamos, pero solo los necios estarían satisfechos con un estado de esclavitud mental como el que promueven algunas interpretaciones religiosas. Desde que la ciencia empezó a estudiar el ADN humano, han cambiado muchas creencias sobre nuestra naturaleza. Sin embargo, muchas personas siguen ancladas en creencias anticuadas y primitivas. Muy poca gente está interesada en corregir los errores del pasado, por eso siguen habiendo tantos libros en el sistema educativo que enseñan cosas equivocadas. La sociedad parece más interesada en mantener el statu quo que en explicar su pasado. Los grandes cambios tendrían probablemente efectos imprevisibles y nadie parece dispuesto a asumir la responsabilidad de cómo reaccionaría la sociedad ante lo que hoy se conoce.

Capítulo 2: En busca de la unidad en un mundo dividido.

Muchos creyentes religiosos hacen caso omiso de los hechos y las verdades, considerándose por encima de cualquier presentación de pruebas concretas. Una vez pensé que las personas mayores de 80 años serían diferentes, pero en lugar de eso demostraron las consecuencias de toda una vida de creencias infundadas. Estos individuos creían de verdad que se suponía que debían enseñarme, no aprender, y por lo tanto perdieron la oportunidad de recibir aquello para lo que rezaban. Lo creo porque muchos me han confesado tener dudas sobre los temas sobre los que escribo, pero no han leído mis libros ni me han pedido que comparta mis conocimientos. No pueden superar el miedo y la superstición que hacen que sus oraciones sean ineficaces.

Muchos de los que rezan se faltan al respeto a sí mismos porque rechazan las dos formas principales en que el universo responde: a través de individuos ajenos a su comunidad religiosa y a través de los inspirados por el Creador. El Creador, que trasciende la religión, ayuda a todos los que le buscan. Lo que rezas, lo recibes, aunque no sea lo que esperas. El problema de las religiones monoteístas no es la creencia en un Dios único, sino la representación de Dios en sus textos como el único verdadero.

Pensemos, por ejemplo, en un musulmán y un cristiano que rezan a Dios pidiendo respuestas que encuentran en sus respectivos libros. Cuando se encuentran, no pueden oírse porque sus religiones son diferentes. Para ilustrar lo absurdo de este comportamiento, imagina que solo pudieras consultar a un médico de tu propia comunidad religiosa. ¿Cuántos médicos encontrarías? Si nuestras interacciones se midieran por las creencias religiosas, la sociedad sería disfuncional. Sin embargo, esto es lo que ocurre cuando la gente se niega a aprender sobre espiritualidad de alguien que no pertenece a su comunidad religiosa. Esta hipocresía generalizada sugiere que Dios ignora los deseos de sus seguidores si no siguen una religión específica.

La verdad no pertenece a ninguna religión, ya que estas son intentos humanos de entender la vida. La arrogancia y la hipocresía hacen que la gente sea sorda y ciega ante la ignorancia. Cuando un grupo religioso rinde culto a un dios equivocado a través de sus prácticas, está siguiendo una doctrina falsa. Estas doctrinas se basan históricamente en la necesidad de las personas de simplificaciones, interpretaciones lineales, fantasías y formas de satisfacer sus supersticiones. No están preparadas para un acercamiento más directo a la verdad, especialmente si contradice sus valores, lo que demuestra que la religión está más en sintonía con la invención humana que con los hechos.

La espiritualidad arraigada en la verdad y en nuestros orígenes humanos es demasiado compleja para la gente corriente y solo puede entenderse a través del misticismo y la fantasía. Por ello, hay mucho más oculto tras símbolos y alegorías que una mente preparada puede interpretar más profundamente que la ordinaria. La mente ordinaria tiene dificultades para comprender su propia identidad, lo que le impide trascender y avanzar hacia una visión más sublime y comprensiva de la vida. La mente ordinaria no es consciente de que el odio que siente hacia los enemigos extranjeros proviene del corazón de quienes están firmemente apegados a sus dogmas.

Es evidente la autoignorancia cuando las personas odian a sus invasores y colonizadores sin ser conscientes de que descienden de ellos. Es aún más absurdo cuando se sienten orgullosos de un país cuyas fronteras carecen de sentido. Es una locura estar orgulloso de una nación que tus antepasados ocuparon por la fuerza. Esta situación absurda describe con precisión la de muchas naciones.

Recuerdo, por ejemplo, a una lituana hablando mal de los terribles rusos durante la ocupación soviética. Como se llamaba rusa, le dije: «¡Básicamente os odiáis y estáis orgullosos de una nación que ni siquiera es la vuestra!». Del mismo modo, una vez oí a un brasileño criticar a los portugueses por haber colonizado Brasil. Le pregunté si tenía antepasados portugueses y me dijo que sí, que eran sus abuelos. Entonces le contesté: «Así que básicamente odias lo que hicieron tus propios antepasados». En el sur de España noté un racismo importante contra los árabes, más incluso que en Francia, lo cual es irónico, ya que los musulmanes conquistaron toda España excepto Francia y permanecieron en el poder durante siglos. ¿Cómo de española es España después de casi ocho siglos de dominio islámico? También me pregunto si los españoles utilizan espejos para verse con precisión, ya que muchos se parecen a los árabes.

Capítulo 3: Desafiar el dogma religioso.

Los ciudadanos estadounidenses suelen expresar su preocupación por la llamada invasión mexicana y el predominio del español en muchos lugares de Estados Unidos. Sin embargo, a menudo ignoran el hecho histórico de que estas regiones formaban parte originalmente de México. No se trata tanto de que los mexicanos vengan a Estados Unidos, sino de que regresan a sus tierras ancestrales. En esencia, no se trata de una invasión, sino de recuperar tierras ancestrales.

Además, ¿qué es un estadounidense sin conocer el pow wow? Muchos estadounidenses desconocen esta tradición nativa americana, propia de los habitantes originales del país. Sin embargo, la xenofobia y el racismo persisten entre muchos, ocultos tras un equivocado sentimiento de orgullo por una tierra que ocuparon sus antepasados.

El nacionalismo a menudo oculta un profundo desconocimiento de la propia identidad, la historia e incluso los orígenes genéticos. Esta ignorancia se extiende a las creencias espirituales, que suelen tener un nivel cognitivo igualmente bajo, como demuestra el orgullo por religiones basadas en fundamentos cuestionables, como las religiones abrahámicas. No es de extrañar que muchos desconozcan temas como la reencarnación y la vida extraterrestre, ya que estas verdades desafían su orgullo por sus genes, apariencia, nación, religión y dogmas.

Cuando hablamos de civilizaciones avanzadas, olvidamos que solo parecen lejanas debido a nuestra ignorancia. Si evolucionáramos y aceptáramos esta evidencia, dejaríamos de lado el monoteísmo basado en la superstición y el miedo, y construiríamos una verdadera comunidad de viajeros espaciales intergalácticos. La idea de que una persona pertenece a un lugar y otra a otro, y de que no todos formamos parte de la misma familia en una bola gigante que viaja por el espacio es una visión simplista de la vida que limita nuestro potencial.

La historia de la humanidad en este planeta nos demuestra que, a pesar de las divisiones impuestas por las religiones monoteístas, todos formamos parte de la misma humanidad. América del Norte y del Sur, por ejemplo, están formadas por personas que huyeron de la pobreza, la guerra y la persecución religiosa en Europa, así como por descendientes de colonizadores españoles y portugueses, territorios que estuvieron ocupados por musulmanes durante casi ocho siglos. Está demostrado que los habitantes originales de Norteamérica, los nativos americanos, descienden de asiáticos, con su vínculo genético más antiguo en Siberia, la actual Rusia.

Los pueblos asiáticos que ocupan la actual China, Rusia, Japón y sus alrededores descienden de una civilización que ocupó ciudades sumergidas en el océano Pacífico. Muchos rusos modernos descienden de eslavos que huyeron de la persecución mongola en Europa Oriental, mientras que los europeos descienden de africanos que emigraron al norte durante el Imperio romano, sobre todo como esclavos, un proceso que duró 1480 años y se extendió a muchas regiones del norte de África.

Según estudios genéticos, no hay registros ni pruebas de la presencia de caucásicos en Europa hasta hace unos 8500 años. No fue hasta hace unos 7700 años cuando aparecieron los primeros indicios de personas «pálidas y de ojos azules» en la actual Suecia. En aquella época, los habitantes del centro y el sur de Europa tenían la piel más oscura. Aunque las opiniones pueden diferir, es probable que la expansión de los caucásicos hacia el norte de África y el resto de Europa se debiera a la esclavitud. De hecho, la palabra «esclavo» procede de «eslavo». Los eslavos, que habitaban gran parte de Europa del Este, fueron tomados como esclavos por los musulmanes.

Los eslavos salieron de la oscuridad y muchos estudiosos creen que eran vikingos escandinavos, una rama de los varangios, que se desplazaron hacia el sur desde la costa báltica y fundaron el primer Estado consolidado entre los eslavos orientales, con sede en Kiev. Sin embargo, hay constancia de expediciones vikingas a Irán ya en 1036 y a Norteamérica incluso antes. Algunos creen que los vikingos ya comerciaban con China en aquella época. También es interesante señalar que los esclavos o siervos eran uno de los bienes más importantes con los que comerciaban los vikingos. Los adquirían principalmente en expediciones a Europa Oriental y las Islas Británicas. También podían adquirirlos en casa, ya que delitos como el asesinato y el robo se castigaban con la esclavitud.

No es difícil suponer que los eslavos descienden de esclavos vikingos llevados a Irán e intercambiados por delitos cometidos en su patria. Eran mercancía vikinga, una de las más valiosas para el comercio. Esta hipótesis se ve respaldada por el hecho de que algunos atribuyen el origen de los eslavos a Irán, ya que posteriormente emigraron a Europa del Este y al resto de Europa, excepto las zonas ocupadas. Evidentemente, huían de sus amos en Irán y no les quedaba otra opción que emigrar hacia el norte, hacia el pueblo que los había expulsado. Así que emigraron hacia el este y, más tarde, hacia el oeste.

Por tanto, los eslavos pueden remontar sus orígenes a criminales vikingos y esclavos iraníes, mientras que Suecia es la tierra original de la que surgieron los primeros rasgos caucásicos de ojos azules, mucho más recientemente que en otras partes del mundo. Esto nos lleva a pensar que los asiáticos y los africanos fueron de los primeros pueblos que aparecieron en la Tierra, y que los árabes surgieron probablemente como un híbrido de ambos. Sin embargo, esta posibilidad se contradice con las tablillas sumerias, que sitúan el nacimiento de la civilización en Mesopotamia. ¿Podría ser que no una, sino muchas razas alienígenas interfirieran en nuestro origen?

Capítulo 4: Migración e identidad

Las pruebas científicas indican que los primeros registros de vida humana se sitúan en África, especialmente en las regiones meridionales ricas en oro. Estos registros datan de hace unos 2,4 millones de años. En esta zona se han descubierto varias especies humanoides, como el Homo habilis, el Homo rudolfensis, el Homo erectus, los neandertales y los denisovanos. Aunque algunos especulan con que los primeros humanos fueron modificados genéticamente para extraer oro, esta hipótesis simplifica en exceso la historia humana. Es posible que diferentes entidades alienígenas hayan tenido distintos propósitos en la Tierra. Además, a menudo ignoramos la vasta información oculta bajo nuestros océanos y las frecuentes contradicciones a las que se enfrentan los arqueólogos. La evolución lineal es difícil de probar de forma concluyente.

Se ha sugerido que numerosas razas alienígenas han manipulado supuestamente genes humanos por todo el planeta y más allá, posiblemente incluso trayendo humanos de otros mundos. Esta hipótesis sugiere que la Tierra podría no ser el único planeta habitado por humanos. De hecho, algunas teorías sugieren que la especie humana es una de las más extendidas del universo. Prueba de ello son las distintas razas humanas que existen en el mundo. Sin embargo, la noción de superioridad caucásica, una creencia propugnada por los nazis y aún mantenida por algunos en Estados Unidos y Europa, carece de fundamento y lógica.

Nuestra historia interconectada y nuestros diversos orígenes genéticos demuestran la unidad fundamental de la humanidad. Las divisiones promovidas por las religiones monoteístas y las ideologías nacionalistas ocultan nuestra herencia y nuestro destino comunes. Para progresar como especie, debemos aceptar nuestro pasado colectivo y luchar por un futuro guiado por la compasión, la empatía y la comprensión, en lugar de optar por el miedo, el odio y la ignorancia. Es importante señalar que los caucásicos descienden de grupos históricamente violentos y fueron una de las últimas razas en aparecer en la Tierra. Muchos fueron esclavizados por el Imperio romano y los árabes, lo que provocó su dispersión y su uso como sirvientes y trabajadores sexuales, contribuyendo a la variedad de pigmentación observada en las distintas regiones.

En cuanto a la pigmentación de la piel, cabe destacar que, a pesar de la discriminación de las personas de piel oscura en algunas culturas asiáticas, la pigmentación más oscura es más adecuada para el planeta Tierra, especialmente para las poblaciones que viven al sur del ecuador. A medida que nos desplazamos hacia el norte del ecuador, es más probable que la descendencia desarrolle una piel más clara debido a una menor exposición a la luz solar. Esta transferencia genética se hace evidente cuando individuos de distintos orígenes tienen hijos y ciertos genes se vuelven dominantes según la región y la ascendencia genética de los padres.

Las personas de piel clara suelen tener dificultades en entornos con mucha luz solar y corren el riesgo de sufrir quemaduras, excepto en zonas con exposición solar limitada. Es plausible que quienes vivieron en cuevas durante generaciones, subsistiendo a base de frutos silvestres y carne seca, desarrollaran esta pigmentación, mientras que las poblaciones predominantemente cazadoras desarrollaron rasgos que perfeccionaron sus habilidades cinegéticas. Incluso el clima frío suele ser intolerable para los caucásicos, lo que sugiere que han desarrollado características menos adaptables al planeta. Sin embargo, a menudo se les considera la «raza principal» y, según diversos estudios, son la primera opción para las mujeres que buscan pareja.

Esto plantea interrogantes sobre nuestro concepto de belleza y su posible origen genético. ¿Estamos predispuestos a admirar a las personas de piel más clara? ¿Por qué los cristianos suelen retratar a Jesús como blanco y se ofenden cuando se le presenta como palestino o árabe, aunque probablemente ese sea su verdadero aspecto, si es que alguna vez existió? ¿O está esto relacionado con la tendencia de algunas personas a sentirse atraídas por ciertos rasgos de personalidad?

La violencia histórica asociada a las sociedades dominadas por los caucásicos está bien documentada, incluidos los genocidios cometidos por diversos imperios y naciones. La violencia y la violación de los límites parecen ser temas recurrentes en ciertas sociedades dominadas por los caucásicos a lo largo de la historia.

Por tanto, es más probable que todas las razas de la Tierra se mezclen que se dividan y compitan por la supremacía. Mientras tanto, resulta irónico que dos de las superpotencias mundiales, Rusia y Norteamérica, hayan formado un disputado «Cinturón del Norte» basado en la migración y los conflictos de los pueblos caucásicos.

Aunque no es justo ni exacto acusar a toda una raza de ser inherentemente racista, es innegable y profundamente inquietante el registro histórico de genocidios perpetrados por caucásicos contra poblaciones indígenas. Algunos colonizadores caucásicos eliminaron sistemáticamente las poblaciones y los linajes genéticos de los pueblos indígenas. Impulsadas por la expansión imperialista y las ideologías racistas, estas atrocidades destruyeron casi por completo a estas comunidades, con consecuencias devastadoras que aún hoy tienen repercusiones.

Capítulo 5: El rico tapiz de la evolución humana

A lo largo de la historia, las religiones, los valores y las visiones del mundo dominantes se han adoptado a menudo de las poblaciones genocidas, en lugar de reflejar la verdadera diversidad y espiritualidad de la humanidad. Las guerras imperialistas emprendidas por los Estados Unidos de América, Gran Bretaña y Rusia son un ejemplo de cómo han persistido estas mentalidades depredadoras, envueltas en la retórica de la liberación y la rectitud religiosa.

Una forma especialmente perniciosa de racismo es la tendencia a correlacionar el color de la piel con la espiritualidad y las razas extranjeras. Esta correlación se ha utilizado a menudo para legitimar la supremacía de las poblaciones caucásicas y sus dogmas religiosos. Las afirmaciones sobre la existencia de ángeles y extraterrestres con rasgos blancos y nórdicos no se basan en hechos y, además, perpetúan prejuicios raciales perjudiciales.

Resulta profundamente inquietante que los llamados «gurús espirituales» y los autores occidentales sigan promoviendo estas narrativas racistas utilizando el fenómeno del contacto extraterrestre para dar credibilidad a afirmaciones absurdas y discriminatorias. Estos individuos deben rendir cuentas por su papel en la difusión de información errónea y en la perpetuación de estereotipos raciales perjudiciales.

Algunos de los contactados más prominentes, como Billy Meier, han declarado públicamente que no existe una tendencia evolutiva hacia la piel blanca entre los pleyadianos ni entre ninguna otra especie extraterrestre conocida. De hecho, es probable que los extraterrestres, tanto si parecen humanos como si no, desarrollen una gama más amplia de pigmentación debido a las diferentes condiciones planetarias a las que están expuestos. Este fenómeno refleja cómo se adaptarían los humanos en la Tierra a circunstancias similares.

Otra falsedad que perpetúan los engañadores es la afirmación de que los pleyadianos forman parte de una alianza de civilizaciones que reciben consejos de seres de Andrómeda. Se dice que esta supuesta alianza incluye miles de sociedades repartidas por toda la galaxia de Andrómeda y nuestra Vía Láctea, con una población total de unos 127 000 millones de seres. Lo absurdo de esta afirmación es evidente: implica que los llamados pleyadianos de piel blanca serían inferiores a una población de seres de piel azul o verde. ¿Cómo podría ser válida esta idea?

Billy Meier reconoció la existencia de una gran variedad de tonos de piel entre las civilizaciones alienígenas avanzadas, incluido el negro. Esta diversidad se extiende a poblaciones que se asemejan a los humanos. Además, el concepto de una jerarquía basada en el tono de la piel carece de sentido desde la perspectiva de la reencarnación. Si los seres humanos no evolucionaran a través de diferentes experiencias, sino que progresaran hacia un punto final específico, los principios de la ciencia espiritual perderían su sentido.

La reencarnación consiste en ciclos de experiencias en diferentes cuerpos y géneros, un concepto budista conocido como samsara. Estas experiencias no se pueden correlacionar con el color de la piel, ya que la pigmentación no influye en las lecciones espirituales esenciales que debemos aprender para adoptar diferentes perspectivas. Trascendemos el reino terrenal cuando ya no necesitamos experiencias ni conocimientos adicionales para comprender la naturaleza del alma. Este estado se denomina iluminación. No se trata de una libertad absoluta, sino de una liberación parcial asociada a la liberación del ciclo del samsara en este planeta. Una vez liberado, el ser es libre de continuar su viaje espiritual en otro lugar, con una visión más amplia y expansiva de la vida.

En este contexto, una Semilla Estelar es un individuo que ha existido previamente en la Tierra, pero que ha sido liberado para explorar otros reinos y regresa voluntariamente para ayudar a otros en su ascensión espiritual. Esta misión encarna valores espirituales superiores asociados con el altruismo, aunque se expresan en una densidad inferior en términos del espectro vibratorio. Todos formamos parte de una vasta familia interplanetaria y los seres humanos no estamos atados a un solo planeta. En consecuencia, una Semilla Estelar puede nacer en diferentes partes del mundo y dentro de diferentes culturas, dependiendo de la naturaleza de la misión que tenga que cumplir y de sus características espirituales únicas.

Dado que los individuos pueden salir del planeta y volver a él a voluntad, también es posible que vuelvan al mismo planeta por falta de libre albedrío y renazcan en culturas diferentes, experimentando tradiciones y religiones distintas. En última instancia, los individuos más liberados son aquellos que no se apegan a sus cuerpos ni a sus patrias y que son libres de aprender de los demás. Una persona que puede viajar, por ejemplo, está en un viaje espiritual, ya que tiene la oportunidad de expandir su conciencia. Por desgracia, muchos desaprovechan esta oportunidad centrándose en los placeres materiales, en momentos de pereza e indulgencia, lo que a menudo conduce a un ajuste de cuentas kármico más adelante en la vida, que resulta en la pérdida de todo lo que creían que podían conservar indefinidamente.

Capítulo 6: Desmontando mitos raciales.

Aunque tenemos derecho a disfrutar de los regalos de la vida, sería un desperdicio no verlos como oportunidades para trascender a reinos más elevados y contribuir al planeta. Es posible que las oportunidades no se presenten de la misma manera en vidas diferentes y que muchas cosas se olviden fácilmente. Lo que creamos en una vida puede experimentarse, y con toda probabilidad se experimentará, en la siguiente. Por lo tanto, es sabio cultivar el buen karma y dejar recuerdos positivos a los que se pueda acceder fácilmente a través de la experiencia directa. En este sentido, asociar el color de la piel con el progreso espiritual no solo es absurdo, sino también indicativo de una profunda incomprensión de lo que realmente implica la espiritualidad. Tales creencias reflejan un déficit cognitivo y una falta de conciencia.

Por desgracia, muchas personas que sostienen estas opiniones ocupan puestos destacados en iglesias y otras comunidades. Es igualmente absurdo creer que muchas civilizaciones africanas son menos avanzadas que algunas de Europa del Este, sobre todo si se tiene en cuenta que los blancos fueron considerados ignorantes, incivilizados y esclavizados durante siglos en el Imperio romano. Además, las pruebas arqueológicas indican claramente que las civilizaciones más avanzadas del pasado se encontraban en la India, el norte de África, Sudamérica y Oriente Próximo. Estas culturas fueron de las primeras en documentar el contacto y el mestizaje con alienígenas en sus textos religiosos, y también fueron pioneras en crear narrativas religiosas basadas en estos encuentros.

La idea de superioridad racial no solo es falsa, sino también peligrosa. Alimenta la división, el odio y la violencia. La interconexión de nuestra historia y los diversos orígenes de nuestra composición genética ponen de manifiesto la unidad de la humanidad. Para progresar como especie, debemos aceptar nuestro pasado colectivo y luchar por un futuro guiado por la compasión, la empatía y la comprensión, en lugar de optar por el miedo, la división y la ignorancia. Sorprendentemente, las escrituras religiosas más antiguas jamás descubiertas proceden de Irak y la India. Estos hechos son abundantes y suficientes para desacreditar la idea de que una persona de piel blanca es superior a las que tienen tonos de piel diferentes o más oscuros.

Por desgracia, muchas personas en el mundo carecen de conocimientos históricos y se dejan engañar fácilmente por su ignorancia, convirtiéndose en víctimas de teorías infundadas. Esta ignorancia es una de las principales razones por las que persiste el racismo. Nadie está más evolucionado que otro simplemente por el color de su piel, y es una tontería creer que el color de la piel confiere un estatus especial. La evolución no tiene nada que ver con el racismo, y el concepto de reencarnación resta valor a estas actitudes. En el contexto de la reencarnación, un racista representa la manifestación espiritual más baja, ya que no solo ignora el significado de ser humano, sino también su esencia espiritual.

Al no comprender la inmortalidad del alma, el racista se condena a odiarse a sí mismo y a aprender lecciones de naturaleza espiritual inferior y alta densidad física. Podemos observar las consecuencias de estas creencias en las personas que lo han perdido todo y han sido humilladas por circunstancias inesperadas. Muchos ciudadanos estadounidenses y británicos, por ejemplo, se han encontrado viviendo como mendigos sin hogar en regiones que ahora se consideran países del Tercer Mundo, donde antes gozaban de una imagen de superioridad cultural.

Además, es absurdo sugerir que algunas personas pertenecen a unas partes del mundo y otras a otras regiones. Nuestros entornos conforman nuestras experiencias y, al vincular nuestras identidades a un lugar concreto, especialmente al lugar donde nacimos, limitamos nuestras opciones. Nadie pertenece realmente a un lugar determinado por su pigmentación o su ciudadanía. Estos conceptos son construcciones humanas y desarrollos relativamente recientes.

En la antigüedad, durante las épocas romana, griega y china, las fronteras territoriales eran generalmente fluidas y no se aplicaban tan estrictamente como hoy en día. Los viajes dentro de los imperios no solían estar restringidos, aunque había puestos de control y aduanas en las fronteras. Viajar era habitual, sobre todo por motivos de comercio, peregrinación y guerra. Solo entre los siglos XV y XVII, con la aparición de los Estados nación en Europa, empezaron a definirse las fronteras de manera más formal.

El Tratado de Westfalia de 1648 se cita a menudo como el punto de inflexión, ya que estableció el concepto de estados soberanos con territorios definidos. Sin embargo, los viajes dentro de estos estados y entre ellos permanecieron relativamente sin restricciones hasta los siglos XVIII y XIX, cuando se introdujo el sistema de pasaportes para controlar y vigilar los movimientos, especialmente en tiempos de conflicto. El sistema moderno de pasaportes, caracterizado por formatos estandarizados y reconocimiento internacional, surgió tras la Segunda Guerra Mundial con el objetivo de minimizar los riesgos de invasión y guerra. La globalización y el auge del terrorismo internacional han dado lugar a controles aún más estrictos de la circulación de personas a través de las fronteras, incluida la introducción de la biometría, los pasaportes electrónicos y las tecnologías avanzadas de control fronterizo.

Capítulo 7: El mito de las fronteras nacionales

Hoy en día, muchas personas viven como animales en una granja, sin mostrar ningún deseo de abandonar el país en el que nacieron. Según la Organización Mundial del Turismo de las Naciones Unidas, en 2022 solo 900 millones de personas viajaron entre distintas naciones, la mayoría de ellas a fronteras cercanas. Una proporción significativa de estas llegadas se produjo dentro de bloques regionales. Esto significa que la gran mayoría de la población mundial —más de 7500 millones de personas— nunca conocerá realmente el planeta en el que vive.

Esta situación supone un gran número de personas que viven como animales atrapados entre fronteras y que, sin embargo, se atreven a afirmar que no hay vida en otros planetas, lo que demuestra un profundo nivel de ignorancia. Estos individuos representan un tremendo desperdicio de recursos cognitivos y llevan una vida desaprovechada, ya que permanecen ajenos a las valiosas lecciones que podrían aprender simplemente interactuando con personas de otras culturas y observando cómo viven los demás. Esta visión egocéntrica de la vida es la raíz de gran parte de la estupidez, el racismo y la discriminación en el mundo.

Estas personas son incapaces de comprender lo que significa interactuar con seres de otros planetas y galaxias, porque están tan alejadas de esta comprensión como de lo que significa ser humano en este planeta. Peor aún, muchas de estas personas ni siquiera leen, ya que creen que los libros son demasiado caros. ¿Es realmente barata la estupidez? Gran parte de la miseria del mundo es el precio que se paga por la ignorancia. Las naciones más pobres suelen tener las poblaciones menos instruidas.

Pagamos por la estupidez tanto a nivel individual como colectivo, razón por la cual una población estúpida suele tener dirigentes estúpidos, que valoran la educación tan poco como la población reconoce su necesidad de mejora. La pobreza siempre revela similitudes entre las distintas naciones empobrecidas. En este sentido, podemos decir que el conocimiento es mucho más valioso que la ignorancia. La forma más fácil de adquirirlo es a través de la interacción cultural.

Durante miles de años, la gente ha emigrado de un continente a otro en busca de una vida mejor. Recientemente, sin embargo, muchos han perdido el interés y la comprensión del inmenso valor de la vida nómada, una perspectiva que ha sido redescubierta por quienes buscan mejorar sus vidas a través del trabajo a distancia. En este contexto, nadie tiene derecho a entrar en contacto directo con extraterrestres o a ser considerado un Starseed por el color de su piel; lo que importa es la naturaleza del carácter de una persona. La sabiduría de los extraterrestres no se corresponde con las limitadas y a menudo racistas perspectivas de algunas personas en la Tierra.

Por ejemplo, a menudo se compara a los pleyadianos con los ángeles de los gnósticos debido a sus similitudes con los ángeles descritos en los textos sagrados. A menudo se les menciona en encuentros relatados en Oriente Medio y Norteamérica, pero no tanto en Suecia o Alemania. Podríamos argumentar que la gente de Oriente Medio se comunicaba con ángeles de piel blanca, pero eso seguiría apoyando mi argumento. Además, según Billy Meier, una de las personas con las que contactó, llamada Alena, una mujer de la Federación Pleyadiana de la constelación de Lyra, tenía la piel «marrón claro». Meier señaló que se parecía a la gente de los países del Mediterráneo y que medía 148 centímetros (en Meiersaken.info). Alena podría confundirse fácilmente con una mujer oriental o latinoamericana corriente.

Otro ser con el que se encontró Meier se llama Menara, de un planeta del sistema Vega. La describe como una «hermosa mujer» de «piel muy oscura» y «color marrón muy intenso», así como ojos negros. Añade que tiene «rasgos negroides, como los hotentotes de África» (en Meiersaken.info).

Aunque controvertido, el caso de Billy Meier se incluye en este debate porque fue investigado por el teniente coronel Wendelle Stevens y otros investigadores durante un periodo de cinco años. Estaban convencidos de que las pruebas de tales contactos eran abrumadoras. Sus informes también confirman lo que yo sé personalmente sobre el tema: los tonos de piel de los pleyadianos, así como de muchos otros alienígenas, pueden variar enormemente en función de factores como la proximidad a su sol o soles y las razas con las que se han cruzado.

No hay límite en la variedad de tonos de piel y, en mi opinión, muchas razas alienígenas, como indican varios informes, están más interesadas en la diversidad que en la homogeneidad. Tampoco existe correlación entre espiritualidad y color de piel o apariencia. Sugerir que algunas razas están más evolucionadas que otras por el color de la piel o las características anatómicas es absurdo. Por ejemplo, los humanoides insectoides se encuentran entre las especies alienígenas más avanzadas, aunque en la Tierra los insectos suelen considerarse formas de vida inferiores y poco atractivas.

Capítulo 8: Desentrañar la verdad de la ficción.

Algunos individuos en la Tierra, movidos por intereses personales y prejuicios, intentan apropiarse del tema de la vida extraterrestre, explotando la ignorancia de muchos para manipular a la opinión pública. Esta manipulación se lleva a cabo a través de libros, películas y religiones, como la de los raelianos. Este movimiento es una recopilación de mentiras, distorsiones y delirios de su fundador, pero atrae adeptos con sus absurdos, atendiendo a las perversiones de muchos en este planeta.

Aunque Claude Maurice Marcel Vorilhon, conocido como Rael, llama la atención del público sobre un tema importante, sin darse cuenta ridiculiza a cualquiera que hable con la verdad sobre él. Aunque el raelismo tiene poco que ver con la cultura extranjera, está muy influido por la cultura francesa, con su énfasis en las orgías, las fiestas, el libertinaje público y la apropiación de filosofías creadas por otros. Esto, junto con movimientos como Heaven's Gate —que culminó con el suicidio colectivo de 39 miembros— y la Cienciología, marcada por historias de abusos psicológicos y físicos, contribuye a la percepción de que los creyentes en la vida extraterrestre no son percibidos como racionales por la sociedad en general.

Otro factor que contribuye a ello es el hecho de que los gobiernos de todo el mundo se niegan a hacer público todo lo que saben sobre la vida extraterrestre por miedo a provocar un pánico masivo, el caos y la reacción violenta de diversos grupos religiosos. Mientras tanto, estos gobiernos están muy interesados en desarrollar armas capaces de derribar ovnis para apoderarse de la tecnología y los genes de los cuerpos extraterrestres recuperados.

La manipulación del tema extraterrestre por parte de aquellos con agendas personales sirve para desviar la atención de la exploración real de nuestra herencia cósmica, nuestra unidad como pueblo y el potencial de evolución humana a través de esta unidad. Al desacreditar la noción de superioridad racial y exponer las tácticas manipuladoras utilizadas para controlar la opinión pública, se puede fomentar una comprensión más inclusiva de nuestro lugar en el universo. La diversidad de la experiencia humana y la riqueza de nuestra composición genética deben celebrarse, no explotarse como herramientas de división y opresión.

La verdad sobre la interferencia extraterrestre y nuestra interconexión con otros seres del cosmos puede conducirnos a un futuro en el que la compasión, la empatía y la comprensión guíen nuestras interacciones, en lugar del miedo, el dogma y la ignorancia. Para entender la cuestión de la existencia de extraterrestres desde una perspectiva espiritual, es necesario reconocer que la moralidad, la diversidad y la integración son conceptos interrelacionados. Lo que hace que las Semillas Estelares sean únicas en comparación con otras personas de este planeta es su capacidad para aunar las características de los terrícolas con una visión más evolucionada de la vida.

Esta perspectiva incluye varios principios fundamentales: aceptar a todas las razas de la Tierra como parte de la misma familia, independientemente de su color u origen; considerar el planeta como una entidad única, sin fronteras, pasaportes ni vallas; y reconocer que todos los espíritus están en el mismo camino evolutivo, aunque muchos aún no estén preparados para abrazarlo. Este camino implica creatividad, compasión y tolerancia.

A medida que un espíritu evoluciona y comprende estos principios, naturalmente anhela más libertad. Por eso son tan importantes la libertad de expresión, la libertad de movimiento y la libertad de pensamiento. Por desgracia, la mayoría de la gente no comprende el significado de estas libertades porque no ha evolucionado lo suficiente como para apreciar su importancia. Para muchos, el concepto de libertad es ajeno; solo buscan adquirir más bienes que les proporcionen comodidad y placer.

Como la mayoría de las personas no han evolucionado lo suficiente, suelen carecer de curiosidad y compasión por la verdad. A menudo, incluso pueden sentirse ofendidos por ella. Ninguna explicación puede iluminar suficientemente las realidades de una naturaleza superior para aquellos cuyos espíritus están atascados en estados vibratorios inferiores. Aunque la Tierra todavía acoge su existencia, a medida que el planeta evoluciona, es posible que estas almas necesiten ser segregadas a otros reinos, de ahí el concepto de infierno.

El infierno puede entenderse como una metáfora de mundos de mayor densidad, caracterizados por una mayor violencia, engaño y sufrimiento que el mundo terrestre. En este sentido, podríamos compararlo con una transición a una realidad en la que la vida es significativamente más difícil. Esta noción no es difícil de entender si observamos las condiciones de lugares como Filipinas, donde muchas personas viven en la más absoluta miseria. Hay otro tipo de infierno: el que viven quienes pierden todo lo que poseen y se enfrentan al hambre y a la falta de hogar en estas naciones. Sin embargo, a pesar de la posibilidad de encontrarse en las situaciones más miserables, la mayoría de la gente rara vez contempla esta realidad. No se preparan, ni espiritual ni mentalmente. No leen, no aprenden ni maduran.

Capítulo 9: El camino hacia la iluminación.

Las personas menos evolucionadas suelen hacer preguntas equivocadas, hacer suposiciones falsas sobre la vida e intentar obstaculizar la evolución de los demás. Muchos de estos individuos, que suelen encontrarse en diversos grupos religiosos, me han preguntado por qué no «echo raíces en alguna parte», dando por sentado que están más evolucionados que yo porque viven como un árbol, repitiendo los mismos hábitos durante décadas hasta que mueren. Piensan que están más evolucionados porque están apegados a un pedazo de tierra, a rutinas diarias y a trabajos, ignorando por completo el hecho de que un nómada puede aprender más en una semana que en toda una vida.

Muchos se preguntan cómo sé más que ellos, y la respuesta es obvia: porque tengo tiempo para leer, mientras que ellos no; porque valoro el tiempo, mientras que ellos no; y porque soy curioso, mientras que ellos son arrogantes. Podría seguir con mis explicaciones, pero ninguna de ellas sería aceptada por quienes se consideran inmunes a cualquier juicio. La mayoría de la gente simplemente no tiene los valores necesarios para evolucionar, creyéndose erróneamente superiores a los demás sin ninguna buena razón. He conocido a muchos de estos individuos en la masonería y el rosacrucismo; son algunas de las personas más ridículas que he conocido. Cuando hablan de civilizaciones extraterrestres, está claro que no tienen ni idea del tema. Están muy lejos de comprender temas que requieren un enfoque metafísico de la vida.

Si una persona no entiende por qué alguien de este planeta tendría curiosidad por visitar otros países, ciertamente no entendería por qué alguien viajaría por las galaxias con el mismo propósito. Para evolucionar espiritualmente, debemos esforzarnos por ser nómadas, viajeros curiosos, no solo como un medio para movernos sin rumbo por el planeta o bañarnos en diferentes playas, sino como un estado fundamental de la existencia. Esta mentalidad está en consonancia con la necesidad de buscar mejores oportunidades de expresión auténtica, de aprender más sobre tu naturaleza y, lo que es más importante, de rechazar los entornos que no te valoran como individuo.

¿Por qué luchar en un lugar cuando puedes experimentar el cielo en otro? El cielo no es algo que te sucede, sino algo que tú creas. Comprender lo que significa vivir en la Tierra es esencial antes de explorar otros planetas, pero muchas personas nunca llegan a entender este concepto, normalmente por falta de evolución espiritual. Estas personas, que operan en una frecuencia vibratoria más baja, pueden aconsejar a otros que se establezcan y echen raíces, creyendo erróneamente que su perspectiva limitada equivale a sabiduría.

Dado que la mentalidad de oportunidad prevalece especialmente entre aquellos que buscan riqueza y oportunidades de negocio, el término «oportunidad» se asocia a menudo con búsquedas financieras, reflejando la obsesión de la sociedad por el dinero y la autoconservación. Sin embargo, el verdadero alcance de este concepto es mucho más amplio. La oportunidad también abarca descubrir y apreciar nuevas culturas, estudiar nuestras diferencias como especie global y comprender los valores inherentes a nuestra diversidad y costumbres. Nos invita a explorar la belleza de nuestro planeta.

Como mínimo, deberíamos reconocer el valor de probar distintas frutas, ser testigos de la variedad de colores del cielo y observar la miríada de expresiones de la vida en distintas culturas. Deberíamos esforzarnos por asombrarnos simplemente por el hecho de estar vivos, lo cual es posible cuando encontramos lugares hermosos y cultivamos un amor genuino por la existencia, libre de expectativas. El asombro y la comodidad no coexisten: es imposible sorprenderse por algo que ya se conoce. Para sentir admiración, sorpresa, intriga y curiosidad, hay que aventurarse en lo desconocido. Muchas personas temen esta exploración porque tienden a evitar las situaciones que escapan a su control. A menudo he observado que la gente necesita una razón para tomar decisiones, creyendo que siempre puede controlar el resultado. Esta actitud es absurda e impide el crecimiento espiritual.

Un ser verdaderamente espiritual no intenta controlar los resultados, sino que acepta las sorpresas y evoluciona a través de los retos a los que se enfrenta. Sin embargo, es fascinante observar cómo muchas personas demuestran arrogancia e ignorancia al imponer a los demás sus valores erróneos, que son contrarios a la naturaleza de la evolución espiritual. Muchos pertenecen a grupos religiosos y utilizan su autoridad para persuadir a los demás, enfadándose cuando fracasan, algo que he presenciado muchas veces. Su comportamiento es ridículo y socava los mismos principios que dicen defender. Masones, rosacruces, budistas, hinduistas —hay innumerables religiones, incluida la Cienciología—: todos estos grupos están formados por individuos que entienden poco de lo que dicen estudiar.

Capítulo 10: Fortalecer el pensamiento independiente.

Puedes aprender más sobre cualquier religión leyendo sus textos de forma independiente, sin buscar orientación externa. Tu evolución espiritual depende de tu capacidad para formular tus propios pensamientos basándote en las suposiciones de otras personas y sacar conclusiones coherentes con tus objetivos vitales. No tienes por qué aceptar dogmas ni absolutismos en ningún campo del conocimiento; en su lugar, utiliza lo que sea útil, descarta lo que no lo sea y desarrolla tus propias conclusiones mediante la práctica y la aplicación de lo aprendido.

Este enfoque abre las puertas de tu mente a la evolución espiritual, independientemente de lo limitante o desafiante que pueda parecer tu vida. De hecho, es más probable que transformes tu vida si te centras en ti mismo que en el exterior. La sabiduría se halla a menudo en el cultivo del alma a través de la meditación y la contemplación de la naturaleza —el cielo, los pájaros, los árboles y el océano—, así como en el cultivo de la mente mediante la lectura exhaustiva. Aunque una mayor variedad de conocimientos puede llevar a la confusión, tiene un aspecto liberador del que los seguidores del dogma religioso no suelen percatarse: la libertad de pensar de forma independiente y practicar el pensamiento crítico.

Para aprender a pensar con claridad, primero hay que aceptar la confusión. Antes de convertirse en la segunda nación más rica del mundo, China obligaba a sus estudiantes a estudiar en el extranjero durante al menos un año. Viajaban a África, Sudamérica, Europa, Norteamérica y otros lugares. Estas experiencias les enriquecían de innumerables maneras. Al regresar con un cúmulo de experiencias y conocimientos, China absorbió lo mejor de cada país. El rápido crecimiento de la prosperidad china no se debe a ser chino, sino a la asimilación de las mejores prácticas de todo el mundo. Cualquier país o individuo que adopte este enfoque progresará sin duda rápidamente, superando a aquellos que, con arrogancia, intentan «adivinar» su camino hacia el éxito.

Esto debería ser obvio, pero no lo es. Como consecuencia, muchas personas se quedan ancladas en formas de pensar anticuadas, como puede verse en algunas poblaciones europeas. Quienes reconozcan y aprovechen las oportunidades de este momento histórico siempre avanzarán. A veces, lo único que hace falta para cambiar de vida es hacer las preguntas adecuadas a alguien que tenga las respuestas. Sin embargo, excepto mis estudiantes chinos, rara vez he conocido a personas que hagan preguntas que puedan cambiar sus vidas. En cambio, la gente suele preguntar por mi vida porque creen que tienen las soluciones a sus problemas y luego se creen con el derecho de decirme cómo vivir, como si supieran más de mí que yo mismo. Este comportamiento es ridículo y patético.

En mi experiencia, los europeos suelen responder a este perfil. Se ven a sí mismos sufriendo económicamente, pero yo no estoy de acuerdo. Siguen beneficiándose de los legados del colonialismo porque tienen poco que ofrecer al mundo, aparte de su propio fanatismo. Sin los recursos y conocimientos que se apropiaron de las naciones que ahora consideran inferiores, Europa no tendría nada. Muchas de las cosas que se consideran cultura europea, desde el arte hasta la cocina, se las apropiaron de las naciones vecinas, especialmente de Oriente Próximo y el norte de África. Lo que llamamos cultura francesa, griega, italiana, española y portuguesa es, en realidad, cultura mediterránea enriquecida por el conocimiento de las civilizaciones árabes, que a menudo rechazan y discriminan racialmente.

El desarrollo de nuestros sentidos espirituales está entrelazado con el desarrollo de nuestras mentes y culturas, independientemente del contexto cultural en el que hayamos crecido. Aunque no podemos elegir la cultura en la que nacemos, sí podemos y debemos cultivar la nuestra. No es necesario haber nacido en Japón para aprender a cocinar comida japonesa, como tampoco es necesario haber nacido en Grecia para estudiar filosofía griega. Muchas personas no son conscientes de esto cuando aprenden un nuevo idioma, creyendo erróneamente que el objetivo final es adquirir el idioma.

Cuando viví en China, conocí a muchos británicos que hablaban chino con fluidez, pero no tenían amigos chinos; preferían relacionarse con estadounidenses. ¿Qué valor tiene utilizar la lengua como herramienta de validación profesional, más que de crecimiento personal? Cuanto más observas y asimilas, más aprendes de ti mismo y de los demás. La exposición a otras culturas me ha permitido reevaluar mis propios valores y aprender a perdonarme por haber nacido en una nación que a menudo parece ignorante y en un continente que puede parecer estancado.

No podemos estar orgullosos de ser humanos porque parece superficial, pero sí de lo que hemos aprendido. Muchos olvidan esto cuando suponen que hay una competición por ver quién viaja más o gasta más dinero. La única persona con la que deberías competir es contigo mismo. No menosprecies tu propio viaje comparándolo con el de otras personas. No permitas que estas comparaciones entren en tu mente si quieres ascender a reinos superiores.

Capítulo 11: Aceptar la ciudadanía global.

A medida que sigues viajando y absorbiendo elementos de diferentes culturas, llega un momento en que te das cuenta de que ya no eres ciudadano de un país, sino ciudadano del mundo. Ya no quieres quedarte en un sitio, sino que ansías la libertad de explorar el mundo. A muchas personas les resulta difícil comprender este nuevo estado porque no pueden imaginárselo ni entenderlo. Sin embargo, cuando empiezas a ver la vida desde esta perspectiva, tus problemas personales cobran otra dimensión. Este desapego físico fomenta un estado natural de metacognición que te permite replantearte tu existencia y desprenderte de valores que antes te parecían primordiales. De hecho, para progresar cada vez más es imposible seguir apegado a nada.

Sin embargo, el mundo sigue aplicando mecanismos que te mantienen anclado a un único lugar, como exigir una dirección física o un único número de teléfono. El mundo está diseñado para inhibir el movimiento, lo cual es una verdadera tragedia que mucha gente no reconoce. Hace poco, durante la pandemia de coronavirus, la gente se vio confinada en sus casas, pero muchos encontraron consuelo en esta situación y no vieron nada malo en ello. Esta actitud refleja un preocupante nivel de ignorancia. Es imposible hablar de ascensión espiritual con personas que prefieren pasar el día en la cama, viendo la televisión, sin hacer nada. Estas personas no reconocen el valor de la evolución espiritual y probablemente volverán a la Tierra para enfrentarse a retos similares, quizá de forma aún más drástica. Volverán a fracasar y pagarán un precio más alto por las lecciones que se niegan a aprender. Es la ley del karma y del renacimiento.

Una de las cosas más fascinantes que he aprendido hablando con personas que han viajado por el mundo —algunas decidieron no volver nunca a sus países de origen, mientras que otras acabaron regresando— es que todas descubrieron dónde necesitaban estar realmente, en lugar de forzarse a quedarse en un lugar. Estas decisiones no se basaron únicamente en la riqueza o las oportunidades laborales, sino también en lecciones de vida, experiencias culturales o simplemente en el amor por viajar. Se dieron cuenta de que no estaban destinados a vivir como plantas o árboles, atrapados en los lugares donde habían nacido. En cambio, se dieron cuenta de que podían desplazarse en busca de mejores condiciones de oxígeno, luz solar y agua.

Y lo digo no solo metafóricamente, sino también literalmente, porque pocas personas se dan cuenta de que pueden vivir donde quieran, ya sea en lugares con más luz solar, con agua limpia en hermosas playas o con aire fresco en magníficos bosques. La mayoría están tan atrincherados en sus sistemas de creencias, raíces y orígenes culturales que no pueden imaginar las infinitas posibilidades que ofrece la vida. El camino hacia la evolución espiritual está empedrado de curiosidad, exploración y voluntad de enfrentarse a lo desconocido. Al liberarnos de las ataduras del nacionalismo, el racismo y las fronteras culturales, podemos liberar el verdadero potencial de nuestras mentes y contribuir a la evolución colectiva de la humanidad.

Los principios de aceptación, libertad y compasión no son meros ideales, sino la clave para un futuro en el que nos veamos como ciudadanos del planeta y no como prisioneros de nuestras limitadas perspectivas. Sin embargo, la mayoría de la gente tiene demasiado miedo como para embarcarse en sus propios viajes y explorar estas posibilidades. ¿Y si pudieras vivir tus sueños en cualquier lugar del planeta? ¿Renunciarías a esa oportunidad solo porque necesitas a tus amigos cerca? Por desgracia, muchas personas sacrifican la aventura de la vida por la comodidad de lo previsible y acaban comportándose como vegetales en lugar de como seres inteligentes. No es de extrañar que muchos parezcan desinformados; cuando no usamos el cerebro, en realidad nos volvemos menos inteligentes. Las sinapsis que conectan las neuronas de tu cerebro empiezan a deteriorarse, reduciéndote a una fracción de tu potencial, determinado por tus hábitos.

Cuanto menos exigente sea tu estilo de vida, más puede disminuir tu intelecto. Esto no significa que debas lanzarte al caos para ser más inteligente; en su lugar, debes buscar un equilibrio ideal de experiencias que la vida puede ofrecerte si realmente quieres tener una experiencia espiritual satisfactoria. Por ejemplo, muchas personas que he conocido se han mudado de países más ricos a países más pobres porque se enamoraron de su pareja y prefirieron trasladarse a su país antes que quedarse donde estaban. ¿Por qué querría alguien mudarse a un país menos próspero? ¡Esa es la parte fascinante! A menudo lo hacían porque percibían una mejor calidad de vida, menos delincuencia o simplemente más acceso a la naturaleza. Al desafiar nuestras ideas preconcebidas y salir de nuestra zona de confort, descubrimos nuevas formas de vivir y de pensar que enriquecen nuestras vidas.

Capítulo 12: Crecimiento personal a través de la exploración global.

Internet ha hecho posible que muchas familias se trasladen a pequeñas islas o pueblos de Asia, donde consideran que han vivido los momentos más felices de su vida. Adoptar una mentalidad global no es muy complicado y puede aumentar considerablemente tu potencial de éxito. Tras darme cuenta de mi desprecio por los europeos y su racismo generalizado y comportamiento grosero, conclusiones extraídas de más de una década de extensos viajes por el continente, decidí trasladarme a Asia, donde estoy escribiendo este libro.

La cultura asiática me curó y me permitió ser productiva, mientras que la europea me dejó deprimida. En general, los europeos muestran una gran falta de conciencia y sus conversaciones suelen estar llenas de suposiciones arrogantes y equivocadas. Mantener una conversación normal con europeos puede resultar doloroso, ya que, en general, no tienen una visión más amplia de la vida.

Las excepciones son tan raras que uno se siente afortunado por encontrarlas. Europa no es propicia para las personas creativas. De hecho, si no puedes tener éxito como artista o escritor en Europa, deberías plantearte mudarte a Estados Unidos, donde los artistas sí son respetados.

En Nueva York, identificarme como escritor me valía un trato de estrella de cine, mientras que en Europa me ridiculizaban, cuestionaban mi cordura mental y hacían suposiciones absurdas sobre mi estilo de vida. Si quieres un estilo de vida más asequible y seguir disfrutando de una casa en la playa, plantéate mudarte a Puerto Rico, Belice, Tailandia o cualquier otro lugar con servicios similares y vecinos agradables. Si lo que anhelas es soledad, desarrolla tu propio negocio y aíslate en una cabaña en el bosque. No es necesario aceptar la negatividad ni luchar por la aceptación entre personas con menos evolución espiritual. Si encuentras racismo en España, Lituania o Polonia, ¿por qué no te vas? Si encuentras pobreza en un país africano, ¿por qué no te vas? Si te encuentras con discriminación en Alemania o Austria, simplemente mudarte es una opción.

Creo que no hay nada de lo que enorgullecerse en una nación que tiene poco que ofrecer. Peor que nacer en Filipinas es estar orgulloso de ser filipino. Si tienes algo de conciencia filipina, tu prioridad debería ser abandonar cuanto antes una nación llena de patanes, psicópatas, violadores, terroristas, tramposos y mentirosos. Ser más espiritual no significa simplemente sentarse con las piernas cruzadas en el suelo o arrodillarse a rezar esperando lo mejor. Significa ser más consciente de tu potencial espiritual y actuar en consecuencia.

El conocimiento es esencial para ello, pero el conocimiento proviene de la acción y esta, a su vez, de la determinación de cambiar. Esta determinación no se manifestará si no se reconoce la necesidad de cambio, por lo que quienes no ven lo que está mal en sus vidas nunca evolucionarán. El sufrimiento suele ser un requisito previo para la evolución, no porque el sufrimiento sea intrínsecamente bueno, sino porque pone de manifiesto lo que es indeseable. Solo los necios afirman que el sufrimiento es una parte integral de la vida que hay que aceptar.

La gente tiende a vivir según sus valores; por eso, quienes me consideraban idiota siguieron su camino, mientras yo forjaba el mío. Mi familia creía que el sufrimiento formaba parte de la vida y vivió miserablemente toda su existencia. Yo creé la vida que tengo ahora, una vida que ellos no entienden, y por eso a menudo me consideran un criminal. Quienes no tienen la capacidad de comprender nada más que su propia realidad suelen ver a los que no pueden comprender como inferiores, como un medio de proteger su ego. Con el tiempo, sin embargo, el ego se vuelve frágil, como un huevo desprotegido que se rompe con facilidad porque nunca se desarrolló de verdad.

El ego no es más que el verdadero yo, oscurecido por las mentiras. La mayor mentira que se dicen las personas es que son importantes, cuando en realidad no lo son. Lo saben instintivamente cuando dejan de trabajar y se sienten deprimidos, y por eso recurren a diversas sustancias, siendo el azúcar la más evidente. Sin embargo, otra mentira importante que mucha gente se dice a sí misma es que para ser espiritual hay que aceptar a los demás tal como son. Me niego a vivir en un país que no me respete, independientemente de lo que digan o piensen los demás o del contexto histórico del país.

El mismo principio se aplica a las relaciones. Nunca entablo una relación con la intención de quedarme en el mismo país donde conocí a mi pareja. Me parece una idea absurda, aunque es lo que esperan muchas mujeres que conozco. La mayoría de la gente tiene una visión limitada de la vida, lo que contribuye a su infelicidad. No puedo respetar sus creencias o valores espirituales si racionalizan la vida de manera tan limitada. La espiritualidad es mucho más que eso, y se equivocan al verlo así.

Capítulo 13: Comprender nuestras conexiones cósmicas.

La espiritualidad consiste en expandir la conciencia a través de acciones, experiencias, ideas y creatividad, no en aceptar circunstancias negativas que nos afectan negativamente. Esta es la razón por la que las Semillas Estelares a menudo parecen más rebeldes que los apáticos seguidores de las buenas filosofías. Quien te enseñe a aceptar lo que nunca debería ser aceptado está promoviendo una falsa doctrina. No hay justificación posible para la falta de respeto, el racismo, la xenofobia o el mal en general. Lo que ves es lo que eres, y tienes derecho a buscar experiencias más enriquecedoras que promuevan tu evolución, especialmente cuando tus experiencias amenazan tu supervivencia.

Durante mucho tiempo creí que había algo malo en mí porque no me querían ni me aceptaban, sino que me trataban como a un idiota. Solo más tarde me di cuenta de que estaba rodeado de personas con capacidades cognitivas limitadas, y no se puede esperar mucho de alguien que ve el mundo a través de una lente tan estrecha. Discutir con ellos o intentar hacerles entender una realidad que escapa a su comprensión es inútil. La única opción viable es marcharse y no decir nada; ni siquiera las cartas que dejes serán aceptadas como realistas. Nunca he recibido una disculpa de nadie a quien haya conocido, porque su nivel cognitivo siguió siendo tan bajo durante toda su vida que nunca se dieron cuenta del error de su comportamiento abusivo e irrespetuoso. Mi mayor error fue esperar una disculpa, porque habría sido egoísta esperar respeto de los demás.

Tuve que aceptar que muchas personas pueden albergar un odio eterno hacia mí. La única respuesta adecuada es no hacer nada: olvidarme de ellos y vivir una vida que no requiera su aprobación o comprensión, permitiéndoles permanecer en su ignorancia. Mucha gente calumnia mi reputación e inventa tonterías sobre mí, pero no me importa, porque no forman parte de mi vida. Quizá por eso me desprecian tanto: no les necesito. Poca gente se da cuenta de que nuestra familia no se limita a quienes nos dieron a luz mediante un acto sexual espontáneo. Por el contrario, nuestra familia incluye a las personas con las que nos encontramos en nuestro viaje espiritual: aquellos que realmente nos respetan, apoyan nuestras necesidades y aceptan nuestra verdadera naturaleza, incluidas nuestras limitaciones y aspiraciones. Estas personas no ahogan nuestros sueños, sino que los alimentan con palabras de aliento.

Cuando conocemos a personas así, empezamos a comprender qué es una familia espiritual. Esta comprensión se profundiza cuando nos damos cuenta de que, a pesar de nuestras diferentes apariencias y culturas, podemos conectar espiritualmente. Analizar nuestra existencia a través del prisma de la diversidad del planeta es tan relevante para nosotros como para las culturas con las que interactuamos. Esta exploración nos acerca a la verdad sobre nuestra diversidad y nuestros orígenes espirituales.

Según la ciencia moderna, la humanidad no evolucionó de forma lineal. Por el contrario, ha sufrido un proceso de mestizaje e hibridación con muchas otras especies, la mayoría de las cuales parecen haber surgido «espontáneamente» en la Tierra o proceder de otras galaxias. Según Benjamin Plackett en Live Science News, la comunidad científica acepta ahora unánimemente que han habitado la Tierra al menos veintiuna especies humanas diferentes, cada una con un fondo genético distinto. Entre ellas se encuentran el Homo sapiens, los neandertales, los indonesios parecidos a los hobbits, el Homo erectus, el Homo naledi, el Homo luzonensis, el Homo floresiensis (conocidos a menudo como «hobbits») y los habitantes de la cueva del Ciervo Rojo en China. En los últimos años se han descubierto muchos fósiles de estas especies y, al ritmo actual de descubrimientos, es probable que se encuentren muchos más.

Determinar el número exacto de especies humanas diferentes es complicado porque los investigadores siguen descubriendo nuevos fósiles que a menudo representan especies desconocidas hasta ahora. John Stewart, paleoecólogo evolutivo de la Universidad de Bournemouth (Reino Unido), afirma: «El número aumenta y depende de a quién se pregunte. Todo depende de la definición de especie y del grado de aceptación de la variación dentro de cada una de ellas. Esto puede dar lugar a discusiones irritantes y pedantes, ya que todo el mundo quiere una respuesta definitiva».

La diversidad de la especie humana era tan común antes que ahora es inusual que haya una sola especie. «Hace poco no éramos tan especiales, pero ahora somos los únicos que quedamos», afirma Nick Longrich, biólogo evolutivo de la Universidad de Bath (Reino Unido). No solo hemos encontrado pruebas de especies muy diferentes con orígenes distintos, sino también esqueletos y material genético que no se parecen a nada de lo que se encuentra actualmente en la Tierra».

Capítulo 14: La huella genética de la humanidad

En su búsqueda para determinar nuestros orígenes, los investigadores del Proyecto Genoma Humano han hecho un descubrimiento científico extraordinario. Según informa Exonews.org, el profesor Sam Chang, del Proyecto Genoma Humano, afirma que «creen que las llamadas secuencias no codificantes del 97 % del ADN humano son el código genético de formas de vida extraterrestre». Originalmente denominadas «ADN basura», se desconocía la función de estas secuencias no codificantes. Sin embargo, muchos creen ahora que nuestro ADN puede tener origen extraterrestre. Esta hipótesis fue analizada en un trabajo de investigación publicado en 2012 por Maxim A. Makukov, del Departamento de Matemáticas de la Universidad Nacional Al-Farabi de Kazajistán, y Vladimir I. Cherbak, del Instituto de Astrofísica de Kazajistán. Sus hallazgos respaldan la teoría de que los seres humanos fuimos diseñados genéticamente con ciertos genes programados para activarse, muchos de los cuales están relacionados no solo con nuestras capacidades intelectuales y espirituales, sino también con nuestra esperanza de vida. La activación de estos genes podría elevarnos a un nivel similar al de nuestros creadores, que podrían ser dioses, y dar credibilidad a narraciones que implican a figuras como Enki o Lucifer.

Cabe señalar, sin embargo, que las contribuciones de Lucifer pueden no haber sido tan beneficiosas como parecen. Si todo lo que hizo fue desbloquear los genes asociados con un intelecto y una reproducción superiores, dejándonos vulnerables a las enfermedades y con una esperanza de vida limitada a una media de no más de cien años, su impacto es cuestionable. Es posible que Enki nos diera la inteligencia para rebelarnos contra los dioses, pero no la capacidad espiritual para parecernos a ellos. Por eso las antiguas tradiciones religiosas nos siguen enredando en una red de engaños, sugestión hipnótica y predisposición a la violencia en nombre de un concepto de Dios. Hasta que la humanidad no eleve su conciencia, la religión seguirá siendo relevante y permitirá que las religiones abrahámicas mantengan su influencia sobre las masas fácilmente influenciables.

Si tenemos en cuenta la posibilidad de que una civilización extraterrestre avanzada se haya propuesto crear y plantar nueva vida en varios planetas, es lógico pensar que la Tierra es solo uno de los muchos lugares donde se encuentra. La pregunta urgente que deberíamos hacernos es: ¿por qué nuestro código genético sigue teniendo tantas limitaciones y por qué seguimos funcionando con estructuras genéticas antiguas? Según Vladimir Sherbak, citado en Hybrid Humans de Daniella Fenton y Bruce R. Fenton, nuestro ADN puede entenderse como «un programa que consta de dos versiones: un vasto código estructurado y un código simple o básico». En un artículo para Express.co.uk, Makulov afirma que «tarde o temprano, tendremos que aceptar el hecho de que toda la vida en la Tierra lleva el código genético de nuestros primos extraterrestres y que la evolución no es lo que creemos».

Debemos permanecer abiertos a la posibilidad de una interferencia genética continua a varios niveles, con algunas razas alienígenas que nos elevan y otras que nos arrastran. Parece que cada raza alienígena tiene su propia agenda. Por estas razones, cada vez es más difícil hablar de una única raza humana, ya que muchos individuos pueden no ser plenamente humanos en esencia. Algunos ya han cruzado esa línea, a pesar de su apariencia externa. Mientras algunos individuos evolucionan hacia un estado más cercano a lo divino, otros retroceden hacia ciertas especies alienígenas de frecuencia vibratoria más baja, a menudo desprovistas de rasgos humanos fundamentales como la empatía.

La cuestión de la empatía cobra especial relevancia cuando analizamos los rituales que muchos líderes mundiales están obligados a realizar. Estos rituales, que pueden ser caníbales y crueles, preparan a las personas para obedecer a una entidad o grupo no humano. En este contexto, el cristianismo puede interpretarse como una versión más suave del culto a Moloch que celebran muchas personas. Sin embargo, esto no significa que todos los alienígenas con agendas religiosas pretendan esclavizar y manipular a la humanidad. Sus intenciones varían según su propia visión de la vida.

Algunos autores, como Zecharia Sitchin, basándose en traducciones de tablillas sumerias, sostienen que los extraterrestres crearon genéticamente a los seres humanos para que sirvieran como esclavos. Sin embargo, las distintas razas alienígenas parecen haber tenido propósitos diferentes, como sugieren diversos registros antiguos. Esto podría explicar la separación de al menos dos especies humanas en el pasado: una que fue expulsada de un paraíso alienígena por negarse a ser esclavizada, y otra que permaneció ignorante y complaciente. Este paralelismo es evidente en nuestra sociedad contemporánea, donde muchos individuos eligen someterse a gobiernos y sistemas de valores opresivos, permaneciendo en un estado mental limitado e inconsciente. Por el contrario, otros buscan la educación y la liberación de la ignorancia.

Capítulo 15: Superar el control y aceptar la autonomía.

Quienes no son conscientes de su propia vulnerabilidad espiritual actúan en contra de las leyes de la creación y la evolución. No es de extrañar, por tanto, que las religiones tradicionales deban adaptarse a sus necesidades, mientras que las pocas personas que han despertado no pueden someterse a un sistema de códigos morales tan limitador. Cuando alguien despierta a la verdad, empieza a ver todas las religiones como métodos de control mental y esclavitud masiva. Un individuo verdaderamente despierto tendrá dificultades para ser aceptado en cualquier grupo religioso, ya que es difícil controlarlos. Esto revela una de las muchas enseñanzas ocultas de la Biblia: aquellos a los que no se puede controlar suelen ser expulsados de los grupos que pretenden controlar.

La reciente amenaza de un virus ha elevado esta psicosis de masas a niveles sin precedentes, porque la amenaza es ahora invisible y cualquiera puede convertirse en el blanco del miedo irracional. La gente ha empezado a desconfiar de sus amigos y familiares y a temer el contacto humano debido a la posible contaminación por enfermedades creadas en laboratorios de todo el mundo. Los líderes mundiales han logrado asociar la interacción humana con la muerte, infundiendo un miedo que impide incluso la conversación casual durante una pandemia. Las mascarillas, necesarias durante la pandemia de coronavirus de 2019, se han convertido en símbolos de opresión, conformidad y adoctrinamiento, y están condicionando a la gente para que acepte en el futuro medidas aún más opresivas.

Podemos vislumbrar este futuro en la China comunista, donde la gente puede ser detenida en su propia casa por algo que ha escrito en Internet y desaparecer sin dejar rastro. Esto representa un virus mucho peor: la represión política de los pensadores independientes. El camino hacia el despertar espiritual consiste en reconocer las limitaciones que nos imponen nuestros gobiernos y en valorar la diversidad de nuestro patrimonio genético. Solo así podremos liberar nuestro verdadero potencial y contribuir a la evolución colectiva de la humanidad.

Los seres humanos fuimos creados para diferentes propósitos y nos hemos diferenciado a través de nuestras elecciones. A menudo, estas elecciones se derivan del deseo de permanecer en la oscuridad, lo que puede interpretarse como una forma de esclavitud o como el despertar espiritual y la unción a las filas de los iluminados. Por tanto, las percepciones de la creación varían mucho de una persona a otra. Quienes viven en la oscuridad tienden a confundir a Dios, Satanás y sus profetas, considerándolos entidades intercambiables. No distinguen entre ángeles, arcángeles, Jesús y el Espíritu Santo, lo que da lugar a simplificaciones excesivas de cuestiones complejas.

Esta sobresimplificación es un comportamiento común de quienes no entienden. La oscuridad es sinónimo de ignorancia, y las personas ignorantes tienen dificultades para comprender gran parte del mundo que les rodea. Esta vulnerabilidad los hace susceptibles de control, ya que racionalizan su ignorancia para impedir su evolución. Su falta de conciencia les impide reconocer sus propias limitaciones. Muchas de las preguntas que se hacen los ignorantes pueden parecer sencillas a primera vista, pero tienen innumerables capas subyacentes y apenas pueden captar los requisitos más básicos para una comprensión más profunda.

Explicar cualquier cosa en el intrincado mundo interconectado de hoy es todo un reto, ya que son pocas las personas que comprenden realmente la intrincada red de relaciones que definen nuestra realidad. Es como intentar explicar la realidad a un personaje atrapado en un videojuego. Nuestro mundo está lleno de capas de códigos e interpretaciones erróneas, todas ellas intrínsecamente vinculadas, que interpretamos como realidad y, posteriormente, como religión. Como se recoge en el libro del profeta Oseas, en la Biblia, Jesús observó que la ignorancia conduce a la muerte. La Biblia se refiere a esto como «falta de conocimiento», un término que transmite un significado similar. Este apego a un sistema defectuoso puede hacer que las personas se vuelvan ciegas a las verdades obvias que las rodean.

Muchas personas están tan atrincheradas en sus interpretaciones del mundo que les resulta imposible escapar de sus prisiones mentales, por mucho que lo intenten. Un ejemplo notable de ello es la reacción contra profesores y médicos que presentan pruebas científicas que contradicen creencias ampliamente aceptadas. Hoy en día, muchas personas solo buscan la ciencia que concuerda con sus delirios y aceptan con avidez vacunas que los médicos han advertido que pueden ser ineficaces y peligrosas.

En medio de este caos global, un sector de la población está despertando, como si una parte del mundo se moviera en una dirección, mientras que otra lo hace en la contraria. La mayoría ha distorsionado el destino de sus religiones mediante mentiras e interpretaciones erróneas, y el número de leyes que pueda tener un grupo es irrelevante si no se cumplen. Tomemos como ejemplo la Cienciología. Fue fundada por un hombre que fue asesinado posteriormente. Sus seguidores alteraron y reorganizaron sus enseñanzas, creando su propia versión. Cuando la gente afirma que entiende la Cienciología porque ha visto documentales, suele referirse a las interpretaciones de quienes no tienen conocimientos, que han sido distorsionadas por otros. Este patrón también puede observarse en la historia del cristianismo.

Capítulo 16: Descubrir puntos en común entre religiones.

Para muchos, el hecho de que me afilie a varios grupos religiosos, a menudo simultáneamente, es irrelevante. Lo que realmente les importa es identificar la palabra «equivocada» en nuestras discusiones sobre religión, como si se tratara de un juego en el que hay que adivinar qué palabra no se puede decir. Tratar con estas personas me ha costado cientos de amistades, porque así es como se comporta la mayoría de la gente. A menudo no sé qué temas evitar, ya que pueden provocar reacciones irracionales, sobre todo en grupos religiosos que dicen ser de mente abierta.

Por ejemplo, los masones. Se presentan como inclusivos con todas las religiones, pero esta inclusividad solo se extiende a las que consideran «estúpidas», es decir, aquellas que pueden refutarse fácilmente. El exceso de conocimiento es problemático para ellos y para muchas otras personas religiosas. La hipocresía es generalizada: profesan una creencia, pero actúan en contra de ella dependiendo de lo que más les convenga. Esto es evidente cuando los Testigos de Jehová se relacionan con personas que les hacen preguntas ingenuas, pero rehúyen a quienes podrían cuestionar sus creencias con sus propias escrituras e incluso refutar sus afirmaciones sobre la financiación de donaciones con pruebas objetivas.

Al examinar los orígenes de cualquier religión, se revelan verdades esenciales que están interconectadas en todas ellas. Por ejemplo, el hinduismo tiene similitudes con el cristianismo. Sin embargo, si alguien solo entiende la interpretación cristiana de la verdad, que a menudo difiere de lo que Cristo enseñó en realidad y está influida por las perspectivas de sus asesinos, a saber, los romanos y los judíos, puede creer erróneamente que existen diferencias significativas entre las religiones.

En lengua aramea, Jesús se refería a Dios como el «Creador del Universo», una perspectiva diferente a la presentada en la Biblia y en otras religiones abrahámicas. Esta distinción pone de manifiesto un conflicto con el nombre judío de Dios, Jehová, que es una pronunciación construida a partir del nombre hebreo YHWH, que incluye las vocales de la palabra Adonai. Cabe destacar que «Adonai» es el plural de dioses, al igual que «Elohim», otro término hebreo utilizado en la Biblia para describir a Dios, lo que sugiere que las religiones abrahámicas no son verdaderamente monoteístas, sino politeístas.

Este politeísmo oculto queda oscurecido por una narrativa que presenta a un ser singular como representante de un colectivo de seres extraterrestres. Así, el Dios bíblico no es sinónimo del Creador, sino que representa a una raza alienígena que ha esclavizado a la humanidad y pretende mantenernos como súbditos obedientes a su voluntad. La corrupción de nuestra naturaleza espiritual ha dado lugar a una gran variedad de perspectivas religiosas que a menudo promueven la ignorancia y la hipocresía.

La verdad sobre nuestros orígenes espirituales y la interconexión de todas las religiones permanece oscurecida por las limitaciones del entendimiento humano y la manipulación del dogma religioso. Para progresar como especie, debemos aceptar la complejidad de nuestra existencia y buscar verdades que trasciendan nuestras limitadas perspectivas. Al reconocer los puntos en común de todas las religiones y tradiciones espirituales, podemos empezar a ver el panorama general y trabajar por una humanidad más iluminada y unida.

La cuestión de si el Creador es hombre o mujer sigue sin respuesta. Muchos lo describen como varón basándose en la idea de que la creación comienza con el espermatozoide que fecunda el óvulo. En este contexto, Dios se representa como varón porque fecunda la Tierra con vida mediante la lluvia y la energía de la luz. Lucifer, a menudo asociado con Dios porque dotó de inteligencia a los seres humanos, suele equipararse con Enki, que también se representa como un hombre. Su hermano, Enlil, el líder de la raza alienígena que esclavizó a la humanidad en el Edén, también es varón y es adorado por los seguidores de las religiones abrahámicas.

Sin embargo, esto no implica que la energía femenina carezca de discernimiento espiritual. Según la Biblioteca de Nag Hammadi, María Magdalena fue reconocida como la única persona capaz de interpretar y reproducir con precisión las enseñanzas de Jesús. En esta narración, personifica a la diosa femenina que lo acompaña o es su contraparte. Este simbolismo se refleja en las obras de Da Vinci, que la retrató de esta manera. Para entender esta analogía, es necesario considerar al Creador como la fuente de la vida y al universo como el útero o contenedor de esa vida.

En las tradiciones antiguas, la Diosa Madre se consideraba el propio universo, que abarcaba sus numerosas galaxias y representaba el reflejo del Dios Creador más allá de este holograma. En este contexto, los diferentes planetas simbolizan los huevos de la Diosa Suprema, y los seres humanos, tanto en la Tierra como en otros mundos, son manifestaciones más pequeñas de la Diosa Suprema, similares a diminutos microbios o chispas del Creador. En este espectro de diferentes seres en diferentes planetas y entre la conciencia y las manifestaciones de la vida, se manifiesta la totalidad del Uno, el Dios Creador, en todas las formas de vida.

Capítulo 17: Explorando los misterios de la existencia.

En las formas más densas y desafiantes de la existencia, observamos la manifestación de la polaridad negativa de Dios, mientras que las formas más elevadas reflejan la polaridad positiva. Juntas, estas manifestaciones permiten que el Creador, que no debe confundirse con el Dios del monoteísmo, se exprese a lo largo del tiempo y en las múltiples dimensiones de la existencia. Para el Creador del universo no existen el tiempo ni el espacio, sino un único momento de conciencia expandida. Esta es una realidad con la que los seres humanos, limitados por su forma física, tienen dificultades para comprender, razón por la cual muchos gnósticos veían el cuerpo humano como una tumba. Para ellos, la liberación solo podía alcanzarse a través de la muerte, cuando la unión con el Creador trasciende las limitaciones del cuerpo físico.

De ahí surge la idea de que el Creador es uno y omnipresente. Él es la creación misma, que existe dentro y fuera de nosotros, así como en todas las criaturas, incluidas las consideradas feas, ignorantes o violentas. Conoce nuestros pensamientos, emociones y motivos; actúa como juez supremo y también encarna la misericordia, especialmente cuando nos arrepentimos y volvemos a Él. Muchas ideas promovidas por la religión contienen estos y otros elementos de verdad, pero a menudo se distorsionan para difundir falsas enseñanzas.

Incluso sin religión, la humanidad sigue conectada al Creador. Parece que el Creador quiere que sus creaciones evolucionen y mejoren, tanto a través de sus propios esfuerzos como en relación con los demás. Esto sugiere que el Creador está a favor de la vida, aunque acepta la muerte como parte del orden natural. Desde esta perspectiva, los seres humanos terrenales pueden no considerarse significativos porque a menudo no se respetan a sí mismos ni a los demás ni al planeta. Al explotar, abusar y faltar al respeto a todas las formas de vida, y esperar pasivamente a que Dios los salve, estos seres humanos se convierten en parásitos de la creación de Dios. Pueden ser eliminados fácilmente para dejar paso a seres mejor preparados y más capaces de cuidar del planeta.

Todos somos creadores, igual que los extraterrestres, y aquí es donde la situación se vuelve confusa: hemos olvidado nuestro papel de cocreadores y no comprendemos esta verdad. Nuestra única esperanza como cocreadores es aplicar las leyes del amor y la compasión. Debemos abrazar el lema de que todos somos uno y esforzarnos por vivir una vida dedicada a la bondad y al crecimiento espiritual mediante la sabiduría y el estudio riguroso de las leyes de la vida. Sin embargo, tras estudiar las dificultades de aprendizaje y ser profesor durante muchos años, uno de los descubrimientos más sorprendentes que he hecho es que casi nadie entiende realmente las asignaturas que dice profesar en su religión.

Esto es tan cierto en la educación como en la religión. He enseñado a mis alumnos a identificar las lagunas en los conocimientos de sus profesores y a hacerles preguntas que les hagan reflexionar. Las expresiones de los rostros de mis alumnos cuando se dan cuenta, gracias a mis técnicas, de que sus profesores a menudo no entienden la asignatura son realmente reveladoras. No es de extrañar que el mundo esté desorganizado; esta es la realidad en los institutos, las universidades y las congregaciones religiosas. De hecho, durante mi época de profesor universitario, me resultaba relativamente fácil rebatir las afirmaciones de otros educadores, lo que a menudo provocaba conflictos. Esta actitud también provocó fricciones con los profesores cuando era estudiante.

El problema de fondo es que la gente tiende a repetir lo que cree que es verdad sin entenderlo del todo, incluso en entornos académicos. La mayoría de la gente funciona como un autómata, por lo que pocos pueden reconocer este comportamiento en los demás. Sin embargo, hay ciertas frases que pueden guiarnos hacia la verdad, tanto en el ámbito educativo como religioso. Por ejemplo, muchas escrituras indican que solo María Magdalena comprendió realmente a Jesús, lo que sugiere que sus palabras son las más fiables para entender su verdadera naturaleza. Se cita a Jesús diciendo: «Bendita María, a quien completaré en todos los misterios» (La Pistis Sophia) y «Le he dado autoridad sobre todas las cosas y los hijos de la luz» (La Sophia de Jesucristo).

Estos evangelios fueron excluidos de la Biblia porque, de incluirse, darían a María Magdalena una autoridad absoluta sobre la doctrina cristiana. Tal hipótesis pondría en peligro las decisiones arbitrarias del Concilio de Nicea, que persisten hasta nuestros días. El cristianismo, en sus diversas ramas, es en gran medida una invención llena de distorsiones. Para descubrir las enseñanzas auténticas de Cristo, hay que leer los evangelios perdidos. Estos textos se consideraban perdidos porque cualquiera que tuviera uno podía ser acusado de blasfemia y ejecutado.

Lo que se ha descubierto es solo lo que estaba oculto. Uno de los aspectos más controvertidos y reveladores de estos evangelios es la afirmación de que Jesús «amaba a María más que a los demás discípulos y a menudo la besaba en la boca» (Evangelio de Felipe). Esta revelación supone un reto para los cristianos modernos, muchos de los cuales parecen sentirse incómodos con la idea de una relación romántica entre Jesús y María Magdalena. Aunque no hay pruebas sustanciales de que Jesús besara a otra persona, algunos estudiosos han especulado con la posibilidad de que fuera homosexual o bisexual.

Capítulo 18: Los primeros cristianos

Es posible que muchos cristianos no sepan que Jesús tuvo hermanos y, según algunos textos gnósticos antiguos, incluso un hermano gemelo. Esta idea plantea interrogantes sobre los relatos de diversos grupos cristianos en la actualidad: ¿le sustituyó su hermano gemelo en la cruz mientras Jesús huía?, ¿escapó de la cárcel por predicar una filosofía de amor y compasión o por mantener relaciones inapropiadas? Marcos 14:51-52 dice: «Un joven vestido solo con lino seguía a Jesús. Cuando lo detuvieron, huyó desnudo, dejando atrás su ropa».

La pederastia era una práctica común en la Antigua Grecia que probablemente influyó en los relatos del Nuevo Testamento. Se cree que muchos personajes famosos de la Antigua Grecia, como Sócrates, eran pederastas. No sería de extrañar que la cultura griega influyera en las historias que crearon, lo que nos lleva a cuestionar si esta figura mítica, que supuestamente caminaba sobre las aguas, curaba a los ciegos y resucitaba a los muertos, existió realmente. Según el Nuevo Testamento, también podría haber practicado la pederastia, algo que los traductores reinterpretaron a propósito.

Sin embargo, parece que muchas personas hoy en día están más obsesionadas con sus ideas erróneas que con la verdad. En algunos casos, se sienten ofendidos cuando se les confronta con la realidad de que Jesús no era blanco, sino que probablemente se parecía a la gente a la que suelen evitar en las calles de Europa y Estados Unidos. Muchos cristianos están convencidos de que un hombre rubio, de ojos azules y pelo corto que parecía italiano o inglés se paseaba por Israel, hacía milagros y pasaba desapercibido, excepto para sus doce seguidores.

Otro aspecto fascinante de Jesús que a menudo se pasa por alto es que le gustaban las reuniones sociales. No convertía el agua en té o zumo de naranja, sino en vino, lo que sugiere que no tenía reparos en agasajar a la gente. ¿Podría ser que los griegos intentaran satisfacer los deseos de las masas con estas historias? El pan y el vino siguen teniendo un gran valor en la cultura europea moderna, aunque para que resuene más entre los cristianos europeos, que prefieren representaciones de su propia identidad, se pueden incluir elementos como el queso de cabra.

Los antiguos gnósticos creían que María Magdalena, como otros, huyó al sur de Francia tras la crucifixión. Se cree que formó un grupo llamado cátaros. Los cátaros se consideraban los verdaderos herederos de las enseñanzas de Cristo, por lo que fueron perseguidos y finalmente erradicados por el Vaticano. El 13 de mayo de 1239, la Inquisición condenó a la hoguera a 183 hombres y mujeres cátaros, y destruyó sus textos religiosos. Los cátaros hicieron varios intentos de reorganizarse y reclutar más seguidores, pero su resurgimiento terminó con la ejecución de su último líder, Peire Autier, en abril de 1310. El último cátaro conocido, Guillaume Bélibaste, fue ejecutado en otoño de 1321.

Tras estos sucesos, los cátaros desaparecieron de la escena pública y pasaron a la clandestinidad. Muchos creen que las enseñanzas de los cátaros influyeron en el rosacrucismo. El rosacrucismo moderno representa un renacimiento de la fe cátara, combinado con elementos de las escuelas de misterios egipcias y los estudios pitagóricos. Se puede considerar un intento torpe de reinterpretar y revivir escritos perdidos. La masonería fue fundada más tarde por los rosacruces, junto con muchos vástagos de los llamados Illuminati. Estos grupos surgieron de intentos similares por comprender el pasado. Recibieron el nombre de «iluminados» debido a la naturaleza de sus estudios, que implicaban la comprensión de antiguas enseñanzas suprimidas por las fuerzas de la oscuridad simbolizadas por la ignorancia y su institucionalización en forma de catolicismo romano.

Para estas personas, el papa era visto como un evidente representante del anticristo, que actuaba contra la verdad y la ilustración. Estos movimientos se inspiraron en el Renacimiento, un movimiento cultural impulsado por figuras influyentes como Leonardo da Vinci, Miguel Ángel Buonarroti, Rafael Sanzio, Tomás Moro, Nicolás Copérnico, Galileo Galilei, William Shakespeare, Paracelso y Giordano Bruno, entre muchos otros. Sin embargo, el Renacimiento se enfrentó a la represión del Vaticano, que se saldó con el asesinato de muchas figuras notables por manifestarse en contra de los dogmas de la religión institucionalizada y la intolerancia religiosa. Así surgió la necesidad de grupos ocultistas, como los francmasones y los rosacruces, en respuesta a esta persecución. También fue en esta época cuando comenzó a arraigar la Reforma protestante.

Hoy en día, gran parte de esta historia se ha perdido y muchos grupos han vuelto a las enseñanzas católicas originales, perpetuando así la narrativa promovida por el Vaticano. Mientras tanto, la escuela rosacruz AMORC y los masones mantienen rituales que parecen revivir prácticas del antiguo Egipto. Una de estas costumbres es el uso de delantales. Muchos jeroglíficos egipcios representan a sus «dioses» alienígenas llevando delantales, y los sacerdotes del antiguo Egipto llevaban delantales similares como signo de lealtad a los «dioses» y como insignia de su autoridad.

Capítulo 19: Cristianismo y realidad.

El cristianismo parece cada vez más alejado de la realidad. Muchos de los llamados «cristianos renacidos» rechazan los textos gnósticos como si fueran obra del diablo y se oponen al cristianismo. De hecho, los textos gnósticos revelan el engaño masivo en que se ha convertido el cristianismo, independientemente de la versión de la historia que uno elija. Es sorprendente cómo estos cristianos que dicen seguir las verdaderas enseñanzas en oposición a la doctrina católica niegan sus orígenes, saben poco sobre los cátaros, rechazan a María Magdalena como la discípula favorita de Cristo y utilizan mal las palabras para confundir a las masas en lugar de representar la verdad.

Todo el mundo tiene derecho a creer lo que quiera, pero resulta descorazonador ver a tantos cristianos intentando convencerme de falsedades y comportándose como niños cuando les demuestro que están equivocados. No pueden entablar un diálogo honesto a menos que la persona que tienen delante sea demasiado ingenua como para darse cuenta del engaño. En cambio, como los niños, suelen dejar de hablarme cuando se dan cuenta de que no tienen argumentos para rebatir los míos. Solo me toleran cuando se sienten mejor informados.

Aunque no tengo creencias religiosas específicas y no obligo a nadie a aceptar lo que no quiere creer, es absurdo presentar falsedades y luego echarse atrás cuando se desenmascara la mentira. La mayoría de las personas de las religiones abrahámicas parecen tener un nivel cognitivo similar al de un niño, incapaces de afrontar la presencia de alguien que nunca aceptará sus supersticiones y fantasías. Están tan profundamente hipnotizados por su religión que no pueden ver más allá de las mentiras que les han contado, especialmente cuando han dedicado sus vidas a estos engaños e incluso se han casado con miembros de sus congregaciones.

Se han implicado demasiado emocionalmente como para desprenderse de ellas y prefieren aferrarse a ellas hasta el final. Como he observado muchas veces, algunos no creen realmente lo que se les dice; solo fingen para mantener a sus familias contentas y entretenidas. Sin embargo, el Evangelio de Felipe, que forma parte de los textos de Nag Hammadi, es muy claro al afirmar: «El Señor amaba a María más que a los discípulos, y a menudo la besaba en la boca». Este pasaje sugiere que María Magdalena estaba al mismo nivel que Jesús, era una iniciada por excelencia, y el beso simboliza esta profunda comunión. El beso representa el soplo de conocimiento que Jesús transmite a María Magdalena, con lo que la designa como su sucesora y nueva mensajera tras su muerte.

Esta interpretación es bastante obvia, pero la mayoría de los cristianos no la ven porque sus predicadores no la enseñan. Estas personas están cegadas por figuras de autoridad y dogmas, lo que les impide pensar por sí mismas. Esta incapacidad para ver significados más profundos es especialmente evidente cuando se discuten ciertos pasajes sobre ángeles con cristianos. Por ejemplo, he leído pasajes del Evangelio de Judas a cristianos y les he preguntado qué pensaban de los ángeles que viajan en las nubes. La respuesta solía ser: «Bueno, se trata de un ángel que vuela sobre una nube. ¿Qué otra cosa se supone que debo pensar?». Cuando les preguntaba si no pensaban que podría tratarse de extraterrestres, respondían inmediatamente: «Oh, ¿eres de los que creen en extraterrestres? Ah, sí».

Para ellos, parece mucho más plausible creer en seres alados que vuelan entre nubes rodeadas de estrellas brillantes que contemplar la idea de vida extraterrestre Esta preferencia por las narraciones fantásticas frente a las interpretaciones lógicas pone de manifiesto una desconexión cognitiva preocupante. Muchos prefieren oír hablar de soles que se mueven y estrellas que se guían antes que considerar las implicaciones de una tecnología extraterrestre avanzada. La idea de un Dios volando entre las nubes es más aceptable para muchos que la de una nave espacial extraterrestre, lo que evidencia las limitaciones cognitivas de la mayoría. Para estos cristianos, es aún más difícil enfrentarse a lo que su propia Biblia dice sobre Dios, al que a menudo confunden con el Dios real.

Según muchos de los entrevistados, los extraterrestres tienen creencias religiosas diferentes a las nuestras. Creen en un «Creador» similar al que habló Jesús y, como Jesús, ven a toda la humanidad como hijos del mismo Creador. No adoran ángeles, dioses ni santos. Esta perspectiva es coherente con el budismo, que también tiene una fuerza unificadora similar al Espíritu Santo en el catolicismo. Esta creación inteligente opera según su propia voluntad y leyes, que pueden observarse en la naturaleza y el cosmos.

Sin embargo, esto no implica que un sistema de creencias falso no pueda producir resultados. Por ejemplo, una mujer filipina rezó durante cuatro años a un personaje de dibujos animados llamado Shrek, creyendo que era Buda. Del mismo modo, muchos budistas de Tailandia, China y otras regiones rezan a figuras mitológicas que nunca existieron y consideran que esta es una forma legítima de práctica religiosa. En algunos países, como ya he señalado, rezan a su propia nobleza.

Capítulo 20: La verdad en medio de las contradicciones.

A pesar de las contradicciones existentes en las numerosas religiones del mundo, parece que la población tiene una predisposición a adorar algo, tal vez un vestigio de sus orígenes como seres supeditados a entidades alienígenas. Buda enseñó el camino hacia la iluminación y recalcó que ser budista consiste en cultivar este camino en uno mismo, no en adorar una estatua. Del mismo modo, el culto a las vacas no está intrínsecamente ligado al hinduismo, pero muchos hindúes lo practican. El islam no propugna las decapitaciones ni los conflictos interminables con los cristianos, pero algunos fieles de esa religión sí lo hacen. La Cienciología no sugiere hacerse amigo de alguien solo si paga por un servicio, pero este comportamiento se observa con frecuencia. Los francmasones y los rosacruces afirman ser las organizaciones más inclusivas, pero esta inclusión suele excluir a personas muy inteligentes o curiosas. Prefieren a los individuos menos propensos a cuestionar sus enseñanzas, incluso cuando estas contienen mentiras o malas interpretaciones.

Este escenario prevalece en muchos sistemas de creencias, razón por la cual no existen religiones basadas en el verdadero conocimiento. Todas están impulsadas por suposiciones egoístas, oscuridad, arrogancia e ignorancia. Quienes se consideran importantes suelen ver a los que saben más como una amenaza. Es un truco psicológico que utiliza la mente cuando no puede enfrentarse a sus propias limitaciones, que el ego oscurece. Los arrogantes nunca se darán cuenta de lo que no quieren entender debido a su falta de humildad y voluntad de aprender.

No obstante, esto no impide que podamos descubrir verdades en medio del dogma. Como la naturaleza humana no ha cambiado mucho en miles de años, muchas historias y enseñanzas siguen siendo válidas. Además, si rezas al Creador y consideras el concepto del Espíritu Santo como la intervención del Creador a través de ti, reconociéndote como cocreador de tu realidad, puede parecer confuso al principio, pero esta perspectiva puede llevarte a una comprensión más profunda de cómo la religión ha secuestrado la verdad.

Al crear, encarnas el papel de un creador; al interferir en la vida de otra persona mediante acciones o pensamientos, actúas como un dios. El Dios creador es una interpretación más amplia y profunda de este concepto. Los ángeles, los extraterrestres, las almas de los difuntos y otras entidades que muchos interpretan como manifestaciones de Dios forman parte del espectro universal de la vida. Las personas que afirman comunicarse con Dios pueden, en realidad, estar comunicándose con almas fallecidas o recibir mensajes telepáticos de extraterrestres.

Sin embargo, es importante tener en cuenta que no todas las entidades tienen intenciones benévolas. Muchas personas no tienen la capacidad de discernimiento necesaria para reconocerlo, sobre todo cuando asumen que sus creencias religiosas les garantizan que todo lo que oyen y piensan viene de Dios. Esta suposición puede hacer que los cristianos sean más susceptibles a la posesión demoníaca, ya que creen que están en comunicación directa con su deidad. En este sentido, es interesante señalar que la meditación, a menudo descrita por los cristianos como una puerta de entrada a entidades y posesiones demoníacas, puede ser uno de los métodos más eficaces para reconocer el yo divino interior y lograr una forma más pura de comunicación con la Fuente, es decir, el verdadero Dios, el Creador del universo.

A través de la meditación, las personas pueden trascender el dogma y empezar a desenmascarar las mentiras que les han contado. La meditación también permite reconocer la manifestación del Tercer Ojo. Abrir el Tercer Ojo permite a una persona ver lo que antes estaba oculto tras las palabras, las interpretaciones erróneas, los conceptos, las mentiras y las falsas enseñanzas. En el budismo, la meditación no solo consiste en vaciar la mente, sino que también es un método para conectar con el Creador del universo. La práctica pretende liberarnos de los juicios, dogmas y pensamientos que obstaculizan este proceso. ¿Cómo es posible aprender sin la disposición necesaria?

El reto en nuestro mundo es que muchas personas están alejadas de la verdad debido a las mentiras que les han contado y que rechazan cuando se les presentan. Para comprender las enseñanzas de Jesús, es necesario estudiar los Evangelios de Nag Hammadi, especialmente las referencias a María Magdalena, a quien Jesús consideraba la persona más sabia de sus seguidores. Los Evangelios de la Biblia se han malinterpretado y mal traducido tantas veces que se ha perdido mucho en el proceso, generando confusión y falsas suposiciones. Gran parte de lo que la gente considera cristianismo hoy en día es en realidad una interpretación medieval. Si hoy en día cuesta entender estos textos, podemos imaginar las dificultades a las que se enfrentaron quienes trataron de entenderlos hace miles de años, cuando la alfabetización era escasa.

Capítulo 21: De la Escritura a la Revelación

La obsesión histórica por la Biblia es un fenómeno que hunde sus raíces en la escasez de textos durante siglos. Los escritos que acabaron conformando la Biblia eran escasos y cualquier información nueva que surgía solía suprimirse, lo que provocaba una ignorancia generalizada. Solo las personas que entendían latín o griego podían interpretar los textos originales, que solían conservarse en monasterios y eran inaccesibles para el público en general. Hoy en día, cualquiera puede descargar fácilmente estos textos en su teléfono y leerlos en cualquier parte, pero muchos optan por no hacerlo por falta de interés. En general, la gente prefiere que le digan lo que tiene que pensar, lo que resulta sorprendente dado el gran número de traducciones de textos cristianos originales disponibles en la actualidad.

Gracias a la inteligencia artificial y a diversas aplicaciones de traducción en línea, cualquiera puede traducir fácilmente los textos originales y hacer sus propias interpretaciones, sin seguir ciegamente los dogmas impuestos. Sin embargo, este enfoque requiere un cambio en nuestra percepción de la religión y de nuestro propio progreso espiritual. Solo en las últimas décadas ha empezado a levantarse el velo, lo que permite a la gente vislumbrar lo que antes estaba oculto. A medida que salen a la luz más pruebas arqueológicas e investigaciones sobre el ADN, vamos adquiriendo una comprensión más profunda de nuestra verdadera naturaleza, nuestros orígenes y el propósito de nuestra creación.

Aunque la ciencia aún está en pañales, los importantes descubrimientos de los últimos años han dejado obsoletos muchos de los libros existentes. Recuerdo una ocasión en que los alumnos de mi clase me hicieron preguntas sobre biología y se sorprendieron por mis respuestas, que no coincidían con las del profesor. Investigaron por su cuenta y se dieron cuenta de que yo tenía razón y el profesor estaba equivocado. La profesora no supo qué responder porque seguía el libro de texto. Los alumnos se quedaron estupefactos y me preguntaron en la clase siguiente: «¿Cómo es posible que sepas más que nuestra profesora de biología, que ni siquiera es tu especialidad?».

Les contesté: «La respuesta es sencilla. Yo siempre estoy aprendiendo sobre nuevos descubrimientos, mientras que tu profesora lleva décadas repitiendo el mismo libro de texto, probablemente el mismo que le asignaron sus propios profesores. Eso representa décadas de ignorancia en comparación con el progreso de los últimos años».

Como he observado a menudo, el mundo cambia demasiado deprisa para muchas personas que van sonámbulas por la vida. A menudo se despiertan demasiado tarde para enfrentarse a sus propias pesadillas porque han permanecido ignorantes durante demasiado tiempo. Esto puede explicar por qué se niegan a despertar y, en cambio, insultan a quienes, como yo, desafiamos sus creencias. Me han insultado personas de todos los grupos religiosos que he conocido, porque muchos prefieren seguir siendo ignorantes antes que enfrentarse a la verdad. Dan prioridad a la aceptación y a la necesidad de sentirse importantes frente a la búsqueda de la verdad. En este contexto, la persona media parece mostrar una ignorancia voluntaria.

La ignorancia es un reto importante no solo para los creyentes, sino también para los científicos. Muchos científicos son dogmáticos en sus creencias por razones similares a las de los religiosos. A menudo se quedan perplejos ante los escritos y hallazgos arqueológicos en Marte y la Luna, ya que estos descubrimientos ponen en tela de juicio su comprensión de la evolución humana y la historia de las civilizaciones. La posibilidad de una interferencia extraterrestre cuestiona el concepto de una línea temporal lineal y de progreso, tal y como se describe en muchos textos científicos.

Esta interpretación lineal también prevalece entre los eruditos religiosos, que a menudo ignoran la compleja interacción entre las verdades históricas, las interpretaciones religiosas y la tendencia humana a aferrarse a creencias y fantasías que pueden no ser coherentes con la realidad. Los habitantes de este planeta no están preparados para afrontar un derrumbe total de sus creencias, lo que complica aún más la relación entre ciencia y religión. Los seres humanos tendemos naturalmente hacia la simplicidad y, cuanto menos informados estamos, más inclinados estamos a aceptar explicaciones simplistas. Sin embargo, nuestras vidas son confusas y nuestra historia es complicada, marcada por la influencia de diversos seres extraterrestres a lo largo de nuestra evolución como especie.

El aspecto positivo de esto es que, si consideramos el concepto de apocalipsis descrito en la Biblia, podemos concluir que actualmente estamos viviendo una época así. Estamos siendo expuestos a muchas verdades que antes se nos ocultaban. Hoy en día, no son los ignorantes los que no pueden ver, sino los ciegos: aquellos que son arrogantes, incapaces de pensar por sí mismos y llenos de falsas ideas y suposiciones. El término «apocalipsis» significa revelación y se refiere a la revelación de la verdad evidente a quienes están dispuestos a aprender. Es algo positivo, no algo malo, como suelen representar los círculos religiosos.

Capítulo 22: Creencias espirituales

El misticismo que rodea a Jesús se asocia con la Era de Piscis, que terminó en 2020. Durante este período, el mundo se unió bajo un miedo común, ya que el miedo sirve como una poderosa fuerza polarizadora: exactamente lo contrario del amor, un término que a menudo se utiliza incorrectamente y en exceso en la sociedad actual sin la debida comprensión. El concepto de amor se ha utilizado para describir la compasión y la empatía, que parecen tener poco significado en el mundo egoísta y narcisista actual.

A medida que aumenta el narcisismo, la distinción entre narcisistas y empáticos se hace más pronunciada, revelando a los elegidos, a los que el Creador ha favorecido, y a aquellos que han abrazado la oscuridad. La distinción entre la luz y la oscuridad, o los elegidos y los rechazados, no podría ser más evidente. Los elegidos trascienden el dogma y la pertenencia a organizaciones religiosas. Son amables, ven a los demás a través de su alma, no a través de su color de piel o nacionalidad, y los aceptan por sus cualidades, no por su estatus social.

Por el contrario, los que abrazan el lado oscuro están obsesionados con la validación social, no son conscientes de su ignorancia, son arrogantes y presuntuosos, y discriminan basándose en sus creencias y no en la comprensión. Quienes se encuentran en la oscuridad no tienen compasión, ya que su amor es condicional y normalmente está ligado a la afiliación religiosa. Sin embargo, las diferencias entre los que están preparados para ascender y los que no también pueden verse claramente en sus creencias. Solo los que están en tinieblas buscarían la salvación en una fuente externa, en lugar de cultivar la sabiduría para salvarse a sí mismos y ayudar a los demás a hacer lo mismo.

Alex Collier, antiguo piloto del ejército estadounidense y orador público, afirma haber pasado tres meses a bordo de una nave espacial extraterrestre. Advierte que la Segunda Venida de Cristo está siendo orquestada por los extraterrestres grises en conjunción con ciertas entidades secretas de la Tierra, que utilizarán un clon humano con el recuerdo de todas las religiones del planeta. Esta manipulación es posible porque la gente de la Tierra es susceptible al engaño y suele confiar en textos (como la Biblia o el Corán) escritos por individuos que han recibido información telepática de extraterrestres, interpretándolos como verdades divinas.

Históricamente, los seres humanos han aceptado cualquier cosa presentada como celestial o procedente de dimensiones paralelas como inherentemente buena y divina, lo que los hace susceptibles a la corrupción y la esclavitud. Sin embargo, dada la avanzada tecnología de los alienígenas, les resulta relativamente fácil presentarse como ángeles, Jesús o cualquier otra imagen holográfica, dependiendo de los implantes de la persona. Esta habilidad puede hacer que personas ingenuas con fuertes lazos religiosos caigan en sus engaños. Además, como estos seres también pueden manipular el tiempo, pueden construir engaños históricos que se implantan en la psique colectiva de las masas, haciéndoles percibir como salvadores en lugar de adversarios.

Este implante colectivo se refuerza a lo largo de las generaciones y en todas las culturas del planeta. Así que, aunque algunos creen que, a medida que el planeta se mueve hacia una vibración más elevada, el resto de la población se verá arrastrada y aumentará sus capacidades cognitivas, esto no es necesariamente así, ya que los seres humanos tienen libre albedrío. Incluso si el planeta se mueve hacia la cuarta dimensión, una humanidad entumecida y apática, drogada con productos químicos y obsesionada con el dogma, puede que no sea capaz de percibir las nuevas energías y percepciones espirituales provocadas por este cambio. Incluso pueden resistirse a estos cambios y permanecer en un nivel de densidad inferior, sometiéndose voluntariamente a agendas que no tienen en cuenta sus mejores intereses y que pueden poner en peligro sus vidas.

Como ya hemos visto muchas veces, una parte importante de la población está más dispuesta a aceptar la opresión que a enfrentarse a ella. Estas circunstancias también pueden surgir porque un pequeño grupo de la población, engañado por la codicia y la promesa de la vida eterna, ha hecho tratos con ciertas razas alienígenas para su propio beneficio y el futuro de sus familias. Estos mismos individuos están detrás de lo que ahora se llama el «reset global» de los «Objetivos de Desarrollo Sostenible» promovidos por las Naciones Unidas, que se anuncian como el desarrollo de una utopía para la civilización terrestre. Esto incluye la agenda de la despoblación a través de pandemias provocadas, como las que hemos presenciado en 2020 y 2021.

Durante más de un año, los gobiernos y los científicos mintieron a la población al afirmar que la pandemia no había sido causada por el ser humano. Quienquiera que dijera lo contrario era censurado, vetado en las redes sociales y ridiculizado. Solo mucho más tarde, las autoridades admitieron finalmente que se trataba de un virus modificado genéticamente. Sin embargo, rápidamente se centraron en campañas destinadas a garantizar que todo el mundo recibiera una de las vacunas aprobadas.

Capítulo 23: Revelación de agendas ocultas.

Poco después de que los ciudadanos estadounidenses fueran vacunados contra el COVID-19, murieron casi cuatro mil personas. Aunque muchos afirmaron que no había correlación, los datos de la Oficina Central de Estadística de Israel mostraron un aumento del 22 % en la mortalidad general en enero y febrero de 2021, en el punto álgido de la campaña de vacunación masiva israelí. Este fue el periodo más mortífero de la última década, con las tasas de mortalidad general más altas en comparación con los meses correspondientes de la última década. Se calcula que en los próximos años morirán muchas más personas debido a los daños permanentes que causan estas vacunas en el sistema inmunitario y los órganos vitales.

Sin embargo, la campaña de vacunación obligatoria de la población no termina aquí, ya que forma parte de la Agenda de Inmunización 2030 (AI2030) para hacer frente a los «retos de la próxima década». Detrás de estos supuestos «retos» hay objetivos concretos, ya que el lema de la Organización Mundial de la Salud, «no dejar a nadie atrás», deja claro que la intención es obligar a todo el mundo a la «eutanasia voluntaria» mediante un esfuerzo coordinado a nivel mundial entre gobiernos y diversas instituciones sanitarias.

La razón es que, aunque algunas razas alienígenas quieran controlar el planeta y mantener a los humanos en estado de obediencia, no necesitan una gran población, ya que la existencia de miles de millones de humanos dificulta la gestión de tantos individuos. Con la tecnología de la clonación, no es necesario mantener grandes masas de población en servidumbre, ya que simplemente se pueden diseñar nuevos seres humanos bajo demanda, del mismo modo que se construye cualquier otra máquina, como los robots. De hecho, los robots se están volviendo tan avanzados que están haciendo que cada vez más humanos queden obsoletos, ya que la gran mayoría de la población ya no es necesaria debido a su falta de creatividad y baja capacidad cognitiva.

Mientras tanto, algunas de las llamadas «sectas cristianas de recién nacidos», como los Testigos de Jehová, creen que «Jehová y Jesús quieren devolver a la vida a nuestros seres queridos» (en jw.org), porque es fácil engañar a la gente con la tecnología de la clonación y la capacidad de restaurar los recuerdos del difunto en un nuevo ser. Esta creencia es similar a la de otras religiones abrahámicas, como el cristianismo, el islam, el judaísmo, el babilismo, la fe bahá'í, el drusismo, el samaritanismo, el shabakismo y el rastafarismo, entre otras.

Lo que estos grupos no entienden es que no es posible restaurar el alma y que hay una diferencia entre espíritu y memoria. Dos personas pueden tener los mismos recuerdos y seguir siendo individuos diferentes. Como resultado, todas estas religiones se están preparando para una ilusión colectiva, en la que son engañados por un solo evento. El genocidio de gran parte de la población de la Tierra, seguido de la esclavitud del resto de la humanidad bajo la autoridad religiosa de los grises y los draconianos (extraterrestres humanoides con ADN reptiliano), podría suponer un momento de reinicio significativo en la historia del mundo.

Según Alex Collier, este «reinicio» también unificaría a las diversas religiones. Al crear religiones que llevan a los seres humanos a buscar la intervención divina, los alienígenas malévolos son bienvenidos cuando intentan ejercer control sobre ellos. Esta estrategia elimina la responsabilidad de la raza humana en la Tierra y permite a estos alienígenas controlar a los humanos sin consecuencias kármicas, evitando la interferencia de otros alienígenas que intentan salvarlos de la esclavitud y el estancamiento espiritual.

Desafortunadamente, la mayoría de la gente es demasiado apática, atrapada en sus rutinas laborales de 9 de la mañana a 5 de la tarde, obsesionada con las adquisiciones materiales y, por tanto, no interesada en evolucionar ni en comprometerse con nueva información. Esta apatía dificulta mucho el trabajo de los andromedanos, los pleyadianos y otras razas benignas, así como el de las semillas estelares del planeta. Muchos expertos afirman que los alienígenas draconianos tienen la habilidad de cambiar de forma, pareciendo y hablando como humanos, con el fin de engañar a sus contactos haciéndoles creer que se están comunicando con ángeles, alienígenas benévolos o incluso humanos guapos. Lo hacen porque saben que su aspecto natural asustaría a los humanos.

Se cree que los humanos altos, blancos y de aspecto nórdico que contactaron con los nazis para ayudarles a desarrollar nuevas tecnologías eran, en realidad, extraterrestres draconianos. También se cree que los grises de Zeta Reticuli, que poseen la misma habilidad para cambiar de forma y pueden aparecer ante sus abducidos como humanos o ángeles, trabajan para los draconianos. Collier explica que los draconianos son una civilización guerrera que pretende conquistar toda la galaxia.

Capítulo 24: La influencia draconiana.

Según Alex Collier, los draconianos tienen un aspecto humanoide similar al de nuestros dinosaurios, pero diferente. Es posible que hayan evolucionado a esta forma a partir de la genética de nuestros dinosaurios, al igual que nosotros, los humanos, evolucionamos a partir de la genética de los primates. Sus habilidades telepáticas les permiten realizar ilusiones precisas y transformarse en una forma relacionada con la que el individuo contactado se siente más cómodo. Esto puede incluir la apariencia de un ser querido fallecido, de una figura mitológica o divina. Lo que hace que la persona baje sus defensas psicológicas y crea de todo corazón es lo que aparecerá, y esto incluye cualquier forma de milagro aparente, como los descritos por los cristianos.

La actitud draconiana hacia otras razas, incluidos los humanos, está relacionada con su visión de la vida. Como raza guerrera galáctica, se ven a sí mismos como seres prácticos y no pueden empatizar con los humanos, ya que ven a la humanidad en la Tierra como una especie autodestructiva y agresiva con el planeta, que es un recurso muy valioso para ellos. Aunque solo un subgrupo de su raza desea controlar a los humanos, su verdadera intención es poseer y proteger la Tierra, lo que puede explicar su deseo de exterminar a la gran mayoría de la humanidad.

Aparte de ser una mano de obra esclava débil y una fuente de alimento potencialmente insalubre, los humanos tienen poco valor para esta raza. Los humanos no cuidan sus cuerpos lo suficiente como para ser considerados una fuente de alimento viable. Los draconianos son carnívoros y no les gusta comer carne muerta; prefieren los animales vivos. Pueden comer humanos, pero prefieren los bebés, ya que su carne no está contaminada por la comida que consumen los adultos ni por sustancias químicas.

Según Alex Collier, muchos niños de todo el mundo han desaparecido para alimentar a estos seres debido a los acuerdos con los grises, por los que los gobiernos reciben tecnología a cambio de su encubrimiento o ayuda, incluida tecnología militar, tecnología de naves espaciales (que permite viajes espaciales) y tecnología de viajes en el tiempo (que permite a la inteligencia estadounidense llevar a cabo investigaciones enviando a personas atrás en el tiempo o al futuro).

El 25 de octubre de 2019, el FBI publicó más de 300 páginas sobre una red de tráfico de niños con presuntos vínculos con la CIA. Ted Gunderson (exdirector del FBI), que investigó estos casos y muchos otros, descubrió «varios túneles» bajo varias ciudades estadounidenses relacionados con el tráfico de niños y asesinatos. En un discurso público, Gunderson afirmó: «La CIA hace que la mafia parezca una clase de escuela dominical... La CIA está detrás de casi todos los atentados terroristas en Estados Unidos».

Según él, la CIA estaba detrás de los atentados terroristas contra las Torres Gemelas del World Trade Center, y todas las demás agencias de inteligencia lo sabían, incluidos el Mossad israelí y el MI5 británico. Estos ataques, dijo, estaban diseñados para influir en las nuevas restricciones de las libertades civiles y permitir la vigilancia de los ciudadanos estadounidenses. Con los cambios en la ley y tras los numerosos atentados terroristas, la NSA tiene ahora la capacidad de vigilar a todos los ciudadanos estadounidenses.

Gunderson acabó siendo envenenado con arsénico por la CIA, según creen los expertos basándose en diversos signos que aparecieron en su cuerpo tras su muerte. Uno de los efectos del envenenamiento con arsénico es el cáncer, razón por la cual la CIA lo utiliza, ya que hace que la muerte parezca natural. La CIA ha estado implicada en el asesinato de varias personas que intentaron divulgar información sobre los tratos del gobierno estadounidense con seres extraterrestres, entre ellas la emblemática actriz Marilyn Monroe. Esta afirmación se basa en un memorándum de la CIA fechado el 3 de agosto de 1962, solo dos días antes de que Monroe fuera hallada muerta por una sobredosis de drogas. El memorándum hace referencia a una conversación intervenida entre Monroe y un periodista, en la que ella expresaba su intención de revelar secretos relacionados con «cosas del espacio exterior» en una próxima rueda de prensa (en el documental Unacknowledged).

Un año más tarde, en 1963, la CIA orquestó el asesinato del presidente estadounidense John F. Kennedy, para lo que utilizó a tres asesinos diferentes, entre ellos Lee Harvey Oswald y su propio chófer, William Greer. Más tarde, Jack Ruby disparó a Oswald para evitar que revelara sus conexiones con la CIA. Ruby moriría en prisión solo cuatro años después. Los informes posteriores a este incidente indican que Ruby estuvo «desaparecido durante un periodo de entre veinte y veinticinco minutos antes de ser visto de nuevo tras el asesinato», lo que sugiere que pudo haber sido coaccionado para matar a Oswald. Esta posibilidad se ve reforzada por las repetidas afirmaciones de Ruby de que su vida estaba «en peligro» y su deseo de «decir la verdad». Finalmente, Ruby murió de cáncer, lo que podría haber sido provocado por la CIA para impedirle hablar.

Capítulo 25: Esclavitud humana.

El 27 de febrero de 2012, WikiLeaks comenzó a publicar los Archivos de Inteligencia Global, que constan de más de cinco millones de correos electrónicos de la empresa de inteligencia Stratfor, con sede en Texas. Estos correos electrónicos revelan operaciones de inteligencia confidenciales de grandes corporaciones como Dow Chemical Co. en Bhopal, Lockheed Martin, Northrop Grumman y Raytheon, así como de agencias gubernamentales como el Departamento de Seguridad Nacional de Estados Unidos, los Marines de Estados Unidos y la Agencia de Inteligencia de Defensa de Estados Unidos. Uno de los documentos, fechado el 12 de noviembre de 1963 —apenas diez días antes del asesinato de Kennedy—, se refiere al encubrimiento del fenómeno ovni/extraterrestre. El documento revela que el presidente Kennedy solicitó revisar la clasificación de todos los archivos de la CIA sobre ovnis que pudieran afectar a la seguridad nacional.

Kennedy se oponía al secretismo y pretendía informar al público sobre la vida extraterrestre, lo que entraba en conflicto con la política de secretismo de la CIA establecida por acuerdos con presidentes anteriores y ciertas razas extraterrestres. Este conflicto podría haber sido un factor significativo en la decisión de la CIA de asesinarlo a plena luz del día, como severa advertencia para cualquier otro político que considerara llevar a cabo acciones similares en el futuro. Sin embargo, debemos preguntarnos por qué persisten hoy en día los mismos sistemas de control y esclavitud y por qué la gente sigue siendo perjudicada por la guerra biológica, como se ha visto en el pasado con virus creados en laboratorio como el sida y el covid-19.

La respuesta es sencilla: el sistema actual de control, represión y opresión existe porque los seres humanos seguimos siendo valiosos para las mismas razas que nos esclavizan. Aunque la propiedad de esta corporación llamada Tierra ha cambiado de manos a lo largo de los milenios sin que el público lo supiera, igual que la mayoría de la gente no se da cuenta de la sustitución del director general de una gran marca, la respuesta a estas preguntas es sencilla. Es fascinante ver que la gente sigue valorando metales como el oro, conocidos por ser superconductores y por estar asociados a la espiritualidad y la energía vital. Sin embargo, la mayoría de los países tienen ahora muy poco, ya que ha sido adquirido por diversas partes a lo largo de los años y ha desaparecido en gran medida. El oro que tenemos ahora procede de las mismas minas de siempre, pero eso no significa que tengamos la misma cantidad de oro que antes. Hoy en día, la moneda de cambio es el dinero.

Además, ¿por qué la gente debe seguir esclavizada cuando existe tecnología suficiente para liberar a la sociedad de estas condiciones? ¿Por qué se reprime, se niega y se prohíbe la energía libre? Muchas personas creen que es normal pasar toda la vida esclavizados por un trabajo que consume mucho tiempo, pero si no tuvieran que trabajar, tendrían la oportunidad de formarse y leer más. Quienes afirman que leer en exceso es perjudicial y lleva a la confusión se equivocan, al igual que quienes creen que un solo libro basta para tener conocimientos completos. Es igualmente absurdo afirmar que la lectura y la espiritualidad son incompatibles, una idea que encuentro con frecuencia en todo el mundo. La gente suele pensar que basta con la fe o, peor aún, que el dinero y la espiritualidad no pueden coexistir, porque a un verdadero ser espiritual no le preocupan las riquezas materiales. Esta última creencia es la más errónea de todas, ya que no se puede aprender sobre el espíritu trabajando todo el tiempo. La única razón por la que tengo días, semanas y meses enteros para leer lo que quiera es porque tengo negocios que me generan ingresos pasivos.

Quienes sostienen que la espiritualidad y el dinero no tienen nada que ver no suelen tener tiempo para nada y, por término medio, acaban leyendo solo un libro al año o incluso toda su vida. Son como animales amaestrados que repiten lo que les han enseñado a creer, aunque no tenga sentido. La mayoría de las personas que conozco que dicen leer libros no se dedican a la literatura porque no tienen tiempo. En cambio, se sumergen en programas de televisión y pasan los fines de semana bebiendo con gente que comparte su ignorancia. En estos círculos sociales, sus falsas creencias se refuerzan mutuamente, lo que crea una falsa sensación de importancia que puede durar toda la vida. Saben poco más de lo que les han hecho creer y no muestran simpatía por la verdad ni interés por aprender.

Si le presentas a una persona así pruebas, análisis y reflexiones de tus lecturas, puede tacharte de loco. En la sociedad actual, saber demasiado suele considerarse una locura, mientras que la ignorancia se considera sabiduría, porque la gente sigue al rebaño. Quienes dedican su tiempo a aprender sobre temas ignorados por la mayoría suelen ser considerados excéntricos. Pero, ¿por qué querríamos mantener a miles de millones de personas distraídas por asuntos triviales en un estado de ignorancia absoluta, a menos que la Tierra sea un planeta prisión rico en recursos?

Capítulo 26: Los orígenes del alma.

Muchas personas se preguntan: «Si existe la reencarnación, ¿de dónde vienen todas las almas?». La respuesta es sencilla: de otros planetas. ¿Se ha dado cuenta de que, a medida que aumenta la población, también lo hacen el descontento, el racismo, la xenofobia y la discriminación? Esto se debe a que muchas personas sienten instintivamente que no pertenecen aquí. Los alienígenas que crearon y esclavizaron a la humanidad se dieron cuenta de que necesitaban mantener unidos permanentemente a los seres espirituales con los cuerpos humanos para darles ánimos y hacerlos lo suficientemente inteligentes como para hacer su trabajo. Así que trajeron criminales de otros sistemas estelares y otros individuos indeseables para ocupar los cuerpos de la Tierra.

A los humanos se les trataba como convictos de trabajos forzados, igual que nosotros tratamos a los esclavos de guerra y a los prisioneros criminales. Así, la Tierra se convirtió en una colonia penal muy parecida a Australia. Esta es una verdad incómoda y los líderes religiosos han tratado de suavizarla adaptando la historia del Génesis para que resultara más apetecible. A lo largo de la historia, siempre hemos modificado los relatos para presentarnos mejor. No es un fenómeno nuevo; todas las naciones del mundo han hecho lo mismo, viendo la historia a través de una lente que favorece su propia perspectiva, a menudo reconstruyendo hechos y fabricando historias para explicar los acontecimientos de una manera más favorable a su imagen.

Por ejemplo, los británicos afirman haber «civilizado» las naciones en las que cometieron genocidios masivos. Pero, ¿es diferente la historia fabricada por los judíos? Desde luego que no. Su relato suele retratarlos como valientes guerreros que lucharon contra quienes se oponían a su fe, mientras que las excavaciones arqueológicas revelan una realidad muy distinta. Los trastornos mentales no aparecieron de la nada; estos individuos fueron colocados aquí porque se trata de una colonia penitenciaria de alta densidad de la que no pueden escapar. Otros seres de mundos mejores pueden referirse a esta existencia como el infierno, debido a sus bajas vibraciones y a su constante estado de miedo, ansiedad y opresión.

Sin embargo, hay que elevar la conciencia para reconocer esta realidad. Para la gran mayoría, este modo de vida parece normal y afirman que enfrentarse a problemas y amenazas da sentido a su existencia. Las masas han aprendido a aceptar este estado y, cuando se les anima a «pensar en positivo», a menudo se dejan llevar por las agendas de la Nueva Era para aceptar sus circunstancias actuales en lugar de evolucionar hacia estados superiores de conciencia.

Aunque hay algunas almas evolucionadas de otras galaxias —a menudo llamadas semillas estelares o índigos— que vienen a este planeta para ayudar a otros a escapar de su esclavitud mediante el desarrollo de una conciencia más elevada, a menudo son intimidados, discriminados y condenados al ostracismo. Esto se debe a su perspectiva diferente, que la sociedad suele considerar incomprensible. En lugar de valorar su sabiduría, son rechazados. Así, las masas perpetúan su ignorancia, ya que no están preparadas para ascender y tienden a rehuir cualquier cosa que pueda sacarlas de este planeta prisión.

No tienen capacidad de discernimiento y están constantemente atrapadas entre el bien y el mal, como ovejas pastoreadas por perros. Les cuesta distinguir el bien del mal porque no pueden pensar por sí mismos; tienen poca conciencia, un sentido reducido de la moralidad y carecen de empatía y compasión. Siguen al rebaño y se forman opiniones personales basadas en el consenso popular. Si muchos declaran que algo es bueno, lo aceptan sin cuestionarlo. Les es indiferente la naturaleza de la cuestión, siempre que cuenten con un rebaño que apoye sus opiniones.

¿Se ha dado cuenta de que la gente siempre está integrada en alguna ideología de grupo, ya sea científica, religiosa o atea? Mientras sientan que pertenecen a un grupo, creerán que tienen razón. Este comportamiento es un ejemplo de baja conciencia, caracterizada por una mentalidad de rebaño y una falta total de percepción de la verdad. Un estado mental centrado en los instintos de supervivencia y arraigado en el apego a lo mundano y sus ilusiones hace que las personas crean que su ego es importante. Esta creencia les lleva a conceder una importancia exagerada a su personalidad y a lo que la sociedad piensa de ellos.

Como resultado, asumen que sus derechos son superiores a los de los demás. Cuando se enfrentan a dificultades cotidianas, como el miedo a perder el trabajo, a quedarse solos, a no tener amigos o a sufrir discriminación y humillaciones, su instinto de supervivencia se intensifica. Este miedo exacerbado aumenta su ego y reduce su capacidad de pensar de manera racional. Por tanto, estas personas se vuelven cada vez más reactivas, como animales salvajes. Por tanto, las personas impulsadas por el ego suelen ser emocionalmente inestables, carecer de autocontrol y ser groseras y violentas. Estos individuos tienen poco sentido de la moralidad o de la comunidad, y reducen sus valores a lo que pueden obtener para sí mismos. Están obsesionados con su propia supervivencia y popularidad. La lógica no entra en sus planes.

Capítulo 27: Comprender las fuerzas en juego.

Cada vez que las masas están a punto de comprender sus limitaciones, el gobierno interviene socavando su capacidad de análisis con amenazas de guerra, terrorismo y otras medidas represivas. El propio sistema contribuye a la ignorancia de la gente. Por eso, una parte importante de la población alberga sentimientos racistas y xenófobos; han sido reducidos a un estado primitivo, preocupados solo por el placer y el sustento, como cualquier otro animal.

En sus vidas surgen patrones. Muchos creen que el amor consiste en dos personas que piensan igual y comparten las mismas ideas. Perciben a los amigos como aquellos que alaban cualquier acto insensato. Equiparan el amor con la obediencia ciega, una mentalidad que recuerda a la de ciertos grupos religiosos y que se basa en la supervivencia a través de la obediencia. Adoran a médicos, enfermeros y científicos, ya que estas profesiones también se basan en la supervivencia a través de la obediencia.

Para estas personas, presa de sus miedos, lo desconocido es lo más aterrador. No obedecen a nadie más que a sí mismos y la incertidumbre de la supervivencia es grande. Por eso ridiculizan y rechazan la idea de la reencarnación; cuando se les dice que son inmortales, desaparece el miedo a la muerte. Es un truco. Se ha engañado a la gente para mantenerla en un estado de esclavitud e ignorancia espiritual que impide que sus almas evolucionen y abandonen el planeta.

La religión desempeña un papel importante en el mantenimiento de esta esclavitud, ya que para ascender espiritualmente es necesario desarrollar el pensamiento independiente y el razonamiento ético. Estas características constituyen la base del desarrollo ético, la empatía y el altruismo, que no pueden florecer cuando los individuos someten sus juicios morales a una autoridad superior, a la que llaman Dios. Esta moral colectiva, combinada con el miedo a la discriminación y al ostracismo, crea una barrera formidable que impide descubrir el derecho a pensar de manera individual.

Este derecho se suprime aún más cuando alguien intenta desarrollar el discernimiento analizando y comparando diferentes escritos religiosos, sus interpretaciones y traducciones. Cualquier sacerdote que condene a quienes intentan hacerlo atenta contra la libertad de pensamiento dentro de su comunidad. Así pues, está claro que ninguna religión puede ser verdaderamente libre, por muy abierta al debate que un grupo pretenda ser. Sin una comprensión clara de la ética y la justicia, un alma no puede esperar escapar de este planeta prisión y alcanzar el cielo prometido, un reino de conciencia superior.

Lo que atrae a las personas a la religión es exactamente lo que les quita la moral del grupo que las oprime dentro de esas mismas comunidades religiosas. Por lo tanto, la religión acaba sirviendo a quienes desean mantener a la humanidad atrapada y esclavizada en este planeta por toda la eternidad, ya que los seres humanos no tienen otros medios para escapar y ascender a realidades mejores, incluidas aquellas de las que proceden sus almas.

Mantener a la humanidad en conflicto, ya sea por razones religiosas o políticas, también mantiene la densidad de las almas en el nivel más bajo posible, caracterizado por el miedo y la discriminación sin empatía. Siempre que la humanidad intenta unirse por un propósito superior y recibe educación espiritual basada en hechos, el llamado Dios bíblico elige fomentar la división entre las personas. Génesis 11:1-9 ilustra esta intención al declarar: «Bajemos y confundamos su lengua, para que no entiendan el habla del otro».

Además, este Dios bíblico parece haber dispersado a la gente por todo el planeta para impedir que se unieran con un propósito común, como se describe en el Génesis: «Desde allí los dispersó el Señor sobre la faz de la tierra». Entonces, ¿es solo una coincidencia que la pandemia de coronavirus se esté utilizando como excusa para restringir los viajes o imponer la vacunación obligatoria para subir a un avión? Históricamente, los seres humanos han sido tratados como bienes muebles y se han suprimido sistemáticamente los intentos de comunicar verdades superiores. La situación no ha cambiado. La censura de la verdad persiste hasta nuestros días, a pesar de las numerosas vías de intercambio de información.

Solo se aceptan las narrativas oficiales de las instituciones controladas por el gobierno, mientras que los puntos de vista alternativos son ridiculizados y descartados. Cuando el ridículo fracasa, quienes se atreven a compartir la verdad a menudo son encarcelados con acusaciones falsas o asesinados de forma aparentemente accidental o suicida. Sin embargo, a pesar de estos ataques a quienes despiertan, la liberación del alma a través del conocimiento es posible para quienes están dispuestos a emprender el viaje sin mirar atrás.

El escritor Sir Charles Eliot explica: «El sufrimiento es el resultado de la esclavitud de las almas a la materia, pero esta esclavitud no afecta a la naturaleza del alma y, en cierto sentido, no es real. Cuando las almas adquieren un conocimiento discriminatorio y se dan cuenta de que no son la materia misma, la esclavitud cesa y alcanzan la paz eterna». Asimismo, Buda y muchos otros grandes maestros espirituales que vinieron a liberar a la humanidad transmitieron el mismo mensaje al afirmar que la raíz del sufrimiento es el apego.

Capítulo 28: Influencias culturales y evolución

La comprensión histórica de Jesús y otros profetas es limitada, ya que no registraron sus enseñanzas por escrito. La Biblia, basada principalmente en relatos sobre Jesús, está muy influida por fuentes y cultura griegas, lo que plantea dudas sobre la autenticidad de las creencias cristianas. Independientemente de si Jesús fue una figura histórica o ficticia, sus enseñanzas solo pueden considerarse fiables si concuerdan con las de otros profetas. Este planteamiento exige el estudio de los textos que circularon en su nombre y que fueron alterados o destruidos por los Concilios de Nicea. En consecuencia, se pondría en tela de juicio la creencia de todas las confesiones religiosas que se dicen cristianas, excepto aquellas que buscan orientación en los escritos originales.

Esta perspectiva no solo exige una nueva Biblia, sino que también pone en tela de juicio la versión generalmente aceptada y reconocida por las comunidades cristianas de todo el mundo como la verdadera Palabra de Dios. Es importante señalar que la Biblia tal y como la conocemos hoy no apareció hasta el siglo

XII. Además, las traducciones recientes de la Biblia incluyen notas e interpretaciones que favorecen a Israel y a la comunidad judía. Oxford University Press, en particular, ha sido responsable de numerosos cambios en la Biblia que favorecen una postura proisraelí, muchos de los cuales pueden encontrarse en la Biblia de Referencia Scofield. Charles E. Carlson explica: «El texto bíblico ha sido manipulado mediante traducciones e interpretaciones sesgadas para apoyar agendas políticas y religiosas específicas. Esta manipulación ha llevado a muchos cristianos a apoyar acríticamente las políticas del moderno Estado de Israel, a menudo en detrimento del pueblo palestino».

Antes de su compilación, el Concilio de 553 d. C. eliminó algunas de las enseñanzas más importantes de los textos originales, incluidas las referencias de Jesús a la reencarnación. Además, teniendo en cuenta los muchos libros que han sido completamente rechazados y censurados a lo largo de la historia, la verdadera Biblia, si estuviera asociada a Jesús, presentaría una forma de cristianismo muy diferente a la actual. De hecho, podría dar lugar a diversas expresiones de cristianismo similares a las que existían antes de que comenzara la persecución y erradicación de los grupos promovidos por el Imperio romano. Todo lo que contradecía la versión oficial de la Iglesia era desechado, sin importar su importancia. Entre estas doctrinas, la Iglesia promovió con vigor la noción de que el pecado proviene de cualquier nacimiento fruto de relaciones sexuales entre humanos, mientras que la santidad se asocia a la procreación entre una virgen y un ángel. Este concepto se corresponde con los textos mesopotámicos que hacen referencia al gran pecado del paraíso: la modificación genética que permitió a los seres humanos reproducirse de forma independiente. Anteriormente, se creía que la procreación solo tenía lugar entre dioses y humanos.

Los textos antiguos sugieren que estos dioses extraterrestres fecundaban a las mujeres humanas, para lo cual solían rodearse de mujeres. Las referencias en la Biblia a ángeles caídos que mantenían relaciones con mujeres, a ángeles que fecundaron a María y a otras mujeres y a Jehová son todas referencias a los mismos seres, no a entidades separadas, como sugieren las religiones abrahámicas. Además, si las historias de abducción se parecen mucho a las descripciones de María, la madre de Jesús, no es descabellado sugerir que nacieron muchos Cristos en la Tierra y en otros lugares del universo.

Como observó Paul Anthony Wallis: «Cuando los cristianos cuentan la historia de Jesús, (...) es una historia de la unicidad de Jesús. Pero, si se observa de nuevo, se comprueba que es muy similar al nacimiento de Juan el Bautista, etc. Isaac es un ejemplo de embarazo fruto de un encuentro cercano con tres seres celestiales. Sus padres, Abraham y Sara, tuvieron un encuentro cercano con extraterrestres y, entonces, Sara quedó embarazada de forma sobrenatural. Nos damos cuenta de que esta narración de embarazos alterados, de inseminación artificial y fecundación in vitro... nuestros antepasados los llamaban «niños estrella», pero la historia es mucho más amplia. Cuando oímos que María se encuentra con un ser anómalo y se queda embarazada de alguien excepcionalmente consciente, inteligente y poderoso, nos damos cuenta de que forma parte de un relato mucho más amplio. Así que no debería sorprendernos encontrar historias similares con nombres diferentes que transmiten las mismas ideas» (Jeff Mara, en su pódcast).

Si todas las semillas estelares se parecen a las enseñanzas y la conciencia cristianas, entonces el verdadero cristianismo debe reconocerse como una ideología arraigada en la familia interplanetaria representada por los avatares que vienen a este planeta, como Jesús. No necesitamos desacreditar estos acontecimientos por sus diferencias; como demuestran muchos encuentros, los extraterrestres generalmente presentan ilusiones ajustadas a lo que los individuos pueden aceptar. Por tanto, es normal que quienes solo creen en los ángeles los vean para sentirse más cómodos y participar en la experiencia. Esto puede explicar por qué María vio al Arcángel Miguel. Aunque no podemos saber con certeza lo que experimentó, es probable que se encontrara con algo que la impulsara a participar en un experimento extraterrestre.

Además, es absurdo referirse a ella como la Virgen María. Como señala Don Stewart: «Si así fuera, Jesús habría sido hijo único. Sin embargo, las Sagradas Escrituras indican que Jesús tuvo hermanos y hermanas. Mateo 1:25 también sugiere claramente que José y María mantuvieron relaciones sexuales normales después del nacimiento de Jesús. Por lo tanto, este pasaje proporciona un fuerte argumento en contra de la noción de que María era una virgen perpetua. Además, las Sagradas Escrituras atestiguan que José y María tuvieron otros hijos que eran hermanos y hermanas de Jesús» (En la Biblia, fuente azul).

Capítulo 29: El legado de Jesús.

La Biblia nos dice que, durante el ministerio de Jesús, «ni siquiera sus hermanos creyeron en él» (Juan 7:5). Sin embargo, más tarde se convirtieron en líderes activos de su iglesia y dos de ellos, Santiago y Judas, escribieron cartas que forman parte del Nuevo Testamento. Esto sugiere que, de hecho, eran hermanos biológicos, hijos de José y María, y no medio hermanos. Algunos estudiosos sugieren incluso que uno de ellos era gemelo. El profesor Dale Martin, experto en el Nuevo Testamento y profesor de la Universidad de Yale, reveló que algunas tradiciones cristianas creen que Jesús tenía un hermano gemelo. En una de sus conferencias afirmó: «Su hermano se llamaba Dídimo Judas Tomás. Dídimo es la palabra griega para 'gemelo', mientras que 'Tomás' es semítico, ya sea hebreo, arameo o siríaco, lenguas todas ellas similares».

Martin continúa explicando: «Su nombre real es Judas y Dídimo y Tomás son sus apodos, uno griego y el otro semítico o arameo. Esta información fue utilizada como prueba por algunas de las primeras tradiciones cristianas para afirmar que Tomás era el hermano gemelo de Jesús». La tradición tomista, una forma de cristianismo especialmente popular en Oriente Próximo, remonta sus creencias al apóstol Tomás y también apoya la idea de que Jesús y Judas eran hermanos gemelos.

Es plausible y no es difícil aceptar que Judas también fuera una semilla estelar como Jesús, aunque se convirtió en uno de sus discípulos. Esto plantea la siguiente pregunta: ¿quién pudo ser crucificado, si no Jesús, sino Judas? Muchas sectas de la época pensaban así. Probablemente se suprimió esta información para resaltar la singularidad de Jesús. Sin embargo, si Jesús y Judas eran realmente hermanos gemelos, compartirían el mismo linaje alienígena y el mismo potencial divino.

Esto nos lleva a preguntarnos por qué los cristianos siguen refiriéndose a María como virgen y a Jesús como su único hijo. En este punto, encontramos paralelismos místicos con la historia de Isis en el antiguo Egipto. Gran parte de lo que hizo el Imperio romano con el cristianismo fue integrar las diversas religiones del Imperio, incluidas muchas creencias paganas de Oriente Medio, y luego perseguir y eliminar a los que no aceptaban este nuevo sistema de creencias. El cristianismo no era simplemente la religión del Imperio romano, sino una de las muchas creencias incorporadas en una estrategia para controlar a la gente a través del miedo a Dios y promover la obediencia a la autoridad.

Este método demostró ser más eficaz que la fuerza directa y, con el tiempo, reyes y reinas adoptaron estrategias similares para mantener su autoridad sobre los súbditos. Las diversas denominaciones cristianas que han surgido de esta historia en los últimos años son simplemente diferentes ramas del mismo engaño que no ofrecen nada nuevo y se basan en los mismos textos básicos. Aunque la Biblia puede traducirse de muchas maneras, sigue siendo el mismo libro: un libro arraigado en la propaganda política, el control mental, el engaño y la unificación de los fieles bajo un sistema de hipnosis de masas. La Biblia sirve como herramienta de adoctrinamiento diseñada para erradicar el paganismo y otros sistemas de creencias que promueven el pensamiento independiente y la exploración de todo nuestro potencial a través de las artes, ahora relegadas al dominio de lo oculto, la magia y las prácticas místicas.

La supresión de estas prácticas ha sido tan eficaz que, a día de hoy, rara vez vemos surgir nuevas religiones que puedan competir en igualdad de condiciones. De hecho, la mayoría de la gente está tan influenciada por su propia cultura, a menudo impregnada de valores cristianos, que rechaza las prácticas espirituales que no mencionan a Jesús. Sin embargo, solo integrando las verdaderas enseñanzas de Jesús, tal como se presentan en el arameo original y se expresan plenamente en las escrituras gnósticas, que se consideraban heréticas y estaban prohibidas, se pueden comprender verdaderamente las enseñanzas atribuidas a Jesucristo.

Vale la pena señalar que era común que las sectas de la época utilizaran un solo nombre para representar a todo un grupo. Los griegos, por ejemplo, agrupaban a varios seres extraterrestres bajo el término «Dios» y, del mismo modo, escribían bajo el seudónimo de Hermes Trismegisto, un colectivo derivado de las antiguas tradiciones egipcias. Del mismo modo, los libros de la Biblia suelen atribuirse a autores concretos, como Moisés, David o Salomón.

Sin embargo, muchos de estos textos fueron probablemente compilados y editados por varios escribas y eruditos a lo largo de los siglos, y los autores atribuidos sirven como figuras simbólicas que representan la autoría colectiva.

Utilizar un nombre para representar a todo un grupo era una práctica común en Grecia y otras partes del mundo, lo que simplificaba un linaje de enseñanzas bajo un único autor. Esta práctica era especialmente común en los cultos religiosos, pero no exclusivamente. Por ejemplo, aunque a menudo se atribuye a Confucio la autoría de las Analectas y otras obras, muchos estudiosos creen que estos textos fueron recopilados y editados por sus discípulos y seguidores con el paso del tiempo. Así, el nombre «Confucio» representa una tradición más amplia de pensamiento y enseñanza, más que la obra de un solo individuo.

Sin embargo, es razonable suponer que Jesús pudo haber sido una figura mitológica que nunca existió realmente o que, si existió, fue muy diferente de la representación que tenemos hoy. Del mismo modo que inventamos historias sobre nuestras vidas que sabemos que no son ciertas, pero que otros creen, la gente puede inventar historias sobre la vida de Jesús que no son ciertas, pero que otros creen.

Capítulo 30: En busca de la verdad

En mi propia vida, he conocido a muchas personas que están absolutamente convencidas de quién soy y prefieren cotillear sobre mí antes que buscar la verdad. Creen que su imaginación es más cierta que mi realidad. Lo he observado en universidades, en diversas organizaciones religiosas, incluidos los rosacruces y otros grupos esotéricos, y en otros lugares. La gente suele inventarse historias falsas sobre mí. Si esto me ocurre a mí, solo puedo imaginar hasta dónde llegará la gente para hablar de alguien que quizá nunca haya existido.

La gente está obsesionada con las fantasías. Aceptan su locura y la legitiman bajo el disfraz de la religión, validando sus delirios a través de un colectivo que comparte la misma esquizofrenia. En muchos grupos cristianos emergentes, parece que los miembros compiten para ver quién es más imaginativo, ya que tienden a llamar más la atención los que tienen una imaginación fértil. Sin embargo, creo que cuanto más comprendamos el verdadero mensaje de los verdaderos profetas, más nos daremos cuenta de la importancia de integrar a la humanidad con otros seres extraterrestres. Las Semillas Estelares expresan verdades universales de maneras aparentemente diferentes en diferentes periodos históricos, antecedentes culturales y vocabulario, pero estos mensajes transmiten tres principios importantes:

Unidad: todos formamos parte de una gran familia y no debemos discriminar a nadie por su apariencia u origen.

Cooperación: debemos trabajar juntos para lograr una evolución que promueva nuestra supervivencia en este planeta y en toda la galaxia.

CompasIÓN: debemos resolver y eliminar los conflictos con compasión y empatía hacia todos, y esforzarnos por ser más compasivos.

Este último valor está estrechamente relacionado con el mandamiento cristiano de amar a los enemigos. Esto no significa que debamos aceptar pasivamente los intentos de hacernos daño, sino que debemos considerar a quienes se nos oponen como enfermos mentales, lo que nos permite perdonarlos y superar nuestras experiencias traumáticas. Al mismo tiempo, no debemos permanecer pasivos ante los esfuerzos por suprimir la verdad. En las últimas décadas, se ha ignorado y ocultado mucho bajo el paraguas de la «arqueología prohibida», porque la comunidad científica aún no está preparada para reorganizarse y arriesgar su credibilidad al revelar descubrimientos relacionados con la interferencia extraterrestre.

Michael A. Cremo, investigador asociado de historia de la arqueología y miembro del Comité Arqueológico Mundial, afirmó: «Va a ser difícil aceptar que los seres humanos como nosotros solo existimos desde hace unos 100 000 o 200 000 años y que antes de eso solo había antepasados humanos más primitivos» (In Talks at Google). La mayoría de la gente sigue aferrada a creencias anticuadas, interpretaciones erróneas y mentiras porque la sociedad no está preparada para aceptar la verdad. Esta verdad requiere un nuevo nivel de conciencia que permita a la gente ver la realidad tal y como es.

La integración de auténticas enseñanzas espirituales, combinada con la aceptación de nuestros orígenes extraterrestres y de la interferencia alienígena, es fundamental para la evolución de la humanidad. A medida que progresamos, es imperativo que cuestionemos las narrativas que se nos han impuesto y busquemos la verdad más allá del velo del engaño. Solo así podremos empezar a sanar las divisiones creadas por el dogma religioso y aceptar las verdades que nos unen. Este viaje es esencial si queremos evolucionar como especie y ocupar el lugar que nos corresponde en el universo.

En última instancia, la verdad nos hará libres si estamos dispuestos a aceptarla e integrarla en nuestras vidas. El camino hacia la liberación espiritual está empedrado de conocimiento, comprensión y valor para desafiar el statu quo. Requiere que abandonemos las ilusiones del pasado y aceptemos la realidad del presente para construir un futuro que esté a la altura de nuestro potencial divino.

La historia de la humanidad, tal y como la conocemos, es una narración cuidadosamente elaborada para mantenernos en la oscuridad sobre nuestros verdaderos orígenes y potencial. El registro histórico oficial está plagado de lagunas, incoherencias e invenciones, todas ellas diseñadas para mantener el statu quo y evitar que nos cuestionemos la naturaleza de nuestra existencia. Sin embargo, si profundizamos en la historia oculta de la humanidad, podemos empezar a descubrir la verdad que ha sido suprimida durante milenios.

Capítulo 31: Civilizaciones antiguas.

Uno de los aspectos más fascinantes de nuestra historia oculta es la existencia de antiguas civilizaciones avanzadas anteriores a nuestra comprensión actual del desarrollo humano. Civilizaciones como la Atlántida y Lemuria a menudo se tachan de mitos, pero existen pruebas convincentes de que fueron reales y poseían tecnologías muy superiores a las actuales. Las leyendas de la Atlántida describen una sociedad muy avanzada que existió hace miles de años, caracterizada por una arquitectura y una ingeniería sofisticadas, así como por formas avanzadas de energía. El filósofo griego Platón escribió sobre la Atlántida en sus diálogos Timeo y Critias, describiéndola como una poderosa nación insular que se hundió a causa de un cataclismo.

Aunque los historiadores tradicionales suelen descartar estos relatos como meros mitos, existen paralelismos intrigantes entre las descripciones de la Atlántida y las ruinas de ciudades antiguas encontradas en todo el mundo, como las de Egipto, Perú y México. Asimismo, la leyenda de Lemuria, también conocida como Mu, describe un continente que existió en el océano Pacífico. Se dice que esta civilización fue anterior a la atlántida y que poseía conocimientos avanzados sobre la naturaleza y el cosmos. Aunque las pruebas físicas de Lemuria son escasas, las numerosas conexiones culturales y lingüísticas entre los pueblos de la región del Pacífico sugieren un origen y una ascendencia comunes.

La presencia de extraterrestres ha sido importante para el desarrollo de la humanidad. A lo largo de la historia, diversos relatos describen encuentros con seres de otros mundos, generalmente representados como dioses, ángeles u otras entidades sobrenaturales. Estos encuentros han influido profundamente en la cultura, la religión y la tecnología humanas. Por ejemplo, los antiguos textos sumerios hacen referencia a una raza de seres conocidos como los Anunnaki, que habrían llegado a la Tierra desde el planeta Nibiru. Según estos textos, los Anunnaki crearon a la humanidad mediante ingeniería genética, combinando su ADN con el de los primeros homínidos. Esta intervención habría dado lugar a la especie humana moderna, dotada de características y potencial únicos.

Del mismo modo, la antigua civilización egipcia se vio profundamente influida por el contacto con extraterrestres. Los dioses egipcios, como Ra, Osiris e Isis, suelen ser descritos como venidos de las estrellas y poseedores de conocimientos y tecnología avanzados. Las pirámides y otras estructuras monumentales de Egipto atestiguan las avanzadas habilidades arquitectónicas e ingenieriles de estos pueblos antiguos, habilidades que podrían haber sido adquiridas a través del contacto con seres extraterrestres. A pesar de la abundancia de pruebas que apoyan la existencia de antiguas civilizaciones avanzadas y la intervención extraterrestre, este conocimiento ha sido sistemáticamente suprimido por quienes detentan el poder.

Las razones de esta supresión son complejas y variadas, pero en última instancia se derivan del deseo de mantener el control sobre las masas y evitar que se cuestionen el orden establecido y sus instituciones. Uno de los principales medios para suprimir este conocimiento es el control de la educación y los medios de comunicación. El registro histórico oficial se selecciona cuidadosamente para excluir cualquier prueba que lo contradiga. Quienes se atreven a desafiar esta narrativa suelen ser ridiculizados, marginados o incluso perseguidos.

Además, se utilizan la desinformación y la propaganda para ocultar la verdad. Se crean y difunden falsas narrativas para confundir y engañar al público, dificultando la distinción entre realidad y ficción. Esto es particularmente evidente en el campo de la ufología y el estudio de los fenómenos extraterrestres, donde las pruebas reales se mezclan a menudo con bulos y desinformación.

A pesar de los esfuerzos de los poderosos por suprimir la verdad, está surgiendo un movimiento cada vez mayor de personas que despiertan a la historia oculta de la humanidad y al papel que han desempeñado los seres extraterrestres en nuestro desarrollo. Este despertar está motivado por el deseo de comprender la verdadera naturaleza de nuestra existencia y reclamar nuestra soberanía espiritual. A medida que seguimos desentrañando la historia oculta de la humanidad, nos damos cuenta de que no estamos solos en el universo y de que formamos parte de una familia cósmica mucho más amplia. De hecho, según Alex Collier, hay 135 000 millones de seres humanos en nuestro universo y 100 billones de galaxias habitadas. Esto implica la existencia de un gran número de civilizaciones aún por descubrir. Lo más interesante es que hay muchos planetas similares a la Tierra listos para ser habitados por seres humanos motivados por el amor y el sentido de la unidad, que pueden construir nuevas civilizaciones y corregir los errores de sus antepasados en la Tierra.

Esta constatación tiene profundas implicaciones para nuestra comprensión de nosotros mismos y de nuestro lugar en el universo. También tiene el potencial de transformar nuestro mundo si adoptamos los valores de compasión, empatía y unidad que están en el centro de las verdaderas enseñanzas espirituales. Esta búsqueda requiere humildad para estudiar, asimilar nuevas formas de pensar y evolucionar más allá de lo que antes considerábamos naturaleza humana. Es sabio prepararse espiritualmente para este ascenso aprendiendo sobre las diversas culturas de la Tierra, apreciando nuestras diferencias y comprendiendo lo que pueden ofrecernos para convertirnos en mejores individuos.

Epílogo

Al concluir nuestra exploración de las historias ocultas y las verdades espirituales que dan forma a nuestra existencia, se nos recuerda la interconexión de todos los seres y la importancia vital de la compasión, la empatía y la unidad. El viaje a través del «Conocimiento Prohibido» ha revelado la supresión sistemática del conocimiento por parte de los poderosos y la manipulación de la educación y los medios de comunicación para mantener el control sobre las masas. A pesar de estos desafíos, está surgiendo un movimiento cada vez mayor de personas que despiertan al papel de los seres extraterrestres en nuestro desarrollo y a la historia oculta de la humanidad. Adoptando los valores de la compasión, la empatía y la unidad, podemos transformar nuestro mundo y ocupar el lugar que nos corresponde en el universo. El camino hacia la liberación espiritual implica adquirir conocimiento, comprender y tener el valor de desafiar el statu quo. Mientras seguimos desentrañando la historia oculta de la humanidad, se nos recuerda que la verdad nos hará libres, pero solo si estamos dispuestos a aceptarla e integrarla en nuestras vidas.

Referencias

Cremo, M. A. (1993). Forbidden Archeology: The Hidden History of the Human Race. Bhaktivedanta Book Publishing.

Fenton, D., & Fenton, B. R. (2019). Hybrid Humans. New Page Books.

Makukov, M. A., & Cherbak, V. I. (2012). The "Wow! signal" of the terrestrial genetic code. Icarus, 224(1), 228-242.

Martin, D. B. (2010). New Testament History and Literature. Yale University Press.

Plackett, B. (2021, April 21). How many human species have ever existed? Live Science. In www.livescience.com.

Plato. (n.d.). Timaeus and Critias. Ancient Greek texts discussing the legend of Atlantis.

Sitchin, Z. (1976). The 12th Planet. Bear & Company.

Wallis, P. A. (2019). Escaping from Eden. Bear & Company.

WikiLeaks. (n.d.). The Global Intelligence Files. Release of emails revealing intelligence operations.

Glosario de términos

Anunnaki: grupo de deidades o seres extraterrestres mencionados en antiguos textos sumerios. A menudo se les asocia con la creación de la humanidad y la transferencia de conocimientos y tecnología avanzados.

Atlántida: isla legendaria descrita por el filósofo griego Platón. Se cree que albergó una civilización avanzada que fue destruida por un cataclismo. La Atlántida se cita a menudo como ejemplo de una antigua civilización perdida con una tecnología extraordinaria.

Civilizaciones antiguas: sociedades avanzadas que existieron en un pasado remoto y se caracterizaron por una arquitectura, tecnología y logros culturales sofisticados. Ejemplos notables son la Atlántida, Lemuria y el Antiguo Egipto.

Desinformación: información falsa o engañosa difundida deliberadamente para manipular a la opinión pública. Los poderosos suelen utilizar esta táctica para suprimir o distorsionar la verdad.

Dogma religioso: conjunto de creencias o doctrinas que se aceptan como incuestionables y autoritarias en un contexto religioso.

El dogma religioso puede limitar la exploración espiritual y la búsqueda de la verdad.

Ingeniería genética: manipulación deliberada del material genético de un organismo para producir características deseadas. En el contexto de las civilizaciones antiguas, este concepto suele asociarse con los Anunnaki y su supuesto papel en la creación de la humanidad.

Historia oculta: acontecimientos, conocimientos o narraciones que han sido suprimidos, oscurecidos o distorsionados de forma deliberada. Este término se utiliza para describir aspectos de la historia que contradicen o desafían la narrativa oficial.

Ilustración: es el estado de despertar o comprensión espiritual que trasciende la conciencia ordinaria. A menudo se asocia con la comprensión de la verdadera naturaleza del ser humano y su interconexión con el resto de seres vivos.

Lemuria: continente o civilización perdidos que se cree que existieron en el océano Pacífico. Al igual que la Atlántida, Lemuria se cita a menudo como ejemplo de una antigua civilización avanzada con tecnología y conocimientos sofisticados.

Manipulación de la educación: control deliberado o distorsión del contenido educativo para cumplir una agenda específica o suprimir ciertos conocimientos. Esto puede incluir la omisión de acontecimientos históricos relevantes o la promoción de narrativas sesgadas.

Manipulación de los medios de comunicación: control o distorsión de la información difundida por diversos medios de comunicación para influir en la opinión pública o suprimir determinadas verdades. Puede incluir desinformación y propaganda.

Sabiduría divina: conocimiento y perspicacia atribuidos a fuentes divinas o sobrenaturales, normalmente transmitidos a través de textos religiosos, mitos y leyendas. Algunos ejemplos son la sabiduría de los dioses egipcios y las enseñanzas de personajes iluminados como Jesús.

Seres extraterrestres: son entidades o seres que proceden de otros planetas. A menudo se les asocia con civilizaciones y tecnologías avanzadas, y su implicación en la historia de la humanidad es motivo de muchas especulaciones y debates.

Soberanía espiritual: concepto que implica reivindicar la autonomía espiritual y la libertad frente al control o la influencia externos. Implica abrazar la verdadera naturaleza y el potencial divino de cada uno, normalmente a través de la búsqueda de la iluminación y el crecimiento espiritual.

Supresión del conocimiento: la ocultación u obstrucción deliberada de información por parte de quienes detentan el poder, con el objetivo de mantener su posición o impedir la difusión de ciertas verdades. Esta práctica puede incluir la manipulación de la educación y de los medios de comunicación, así como la desinformación.

Velo de engaño: barrera metafórica que oscurece la verdad y que suele crearse mediante la supresión del conocimiento, la desinformación y la manipulación de la educación y los medios de comunicación. Este término describe las ilusiones y engaños que impiden a las personas comprender la verdadera naturaleza de la realidad.

Solicitud de Reseña de Libro

E stimado lector,

Gracias por comprar este libro. Me encantaría tener noticias suyas. Escribir una reseña de un libro nos ayuda a entender a nuestros lectores y también influye en las decisiones de compra de otros lectores. Su opinión es importante. Por favor, escriba una reseña del libro. Agradecemos su amabilidad.

Sobre el autor

Dan Desmarques es un autor de renombre con una notable trayectoria en el mundo literario. Con una impresionante cartera de 28 bestsellers en Amazon, entre ellos ocho números 1, Dan es una figura respetada en el sector. Gracias a su formación como profesor universitario de escritura académica y creativa, así como a su experiencia como consultor empresarial experimentado, Dan aporta una combinación única de conocimientos a su trabajo. Sus profundas ideas y su contenido transformador atraen a un amplio público y abarcan temas tan diversos como el crecimiento personal, el éxito, la espiritualidad y el sentido profundo de la vida. A través de sus escritos, Dan anima a los lectores a liberarse de sus limitaciones, dar rienda suelta a su potencial interior y embarcarse en un viaje de autodescubrimiento y transformación. En un mercado tan competitivo como el de la autoayuda, el excepcional talento de Dan y sus inspiradoras historias lo convierten en un autor sobresaliente, que motiva a los lectores a interesarse por sus libros y emprender un camino de crecimiento personal e iluminación.

También escrito por el autor

1. 66 Days to Change Your Life: 12 Steps to Effortlessly Remove Mental Blocks, Reprogram Your Brain and Become a Money Magnet

2. A New Way of Being: How to Rewire Your Brain and Take Control of Your Life

3. Abnormal: How to Train Yourself to Think Differently and Permanently Overcome Evil Thoughts

4. Alignment: The Process of Transmutation Within the Mechanics of Life

5. Audacity: How to Make Fast and Efficient Decisions in Any Situation

6. Beyond Belief: Discovering Sacred Moments in Everyday Life

7. Beyond Illusions: Discovering Your True Nature

Acerca del editor

Este libro fue publicado por 22 Lions Publishing.

www.22Lions.com

www.ingramcontent.com/pod-product-compliance
Lightning Source LLC
Chambersburg PA
CBHW071247150726
48001CB00018B/405